W0000199

Als **Andrea Glaubacker** das erste Mal Mitte der 90er-Jahre den indischen Subkontinent betrat, war es um sie geschehen. Zu bunt, zu schillernd, zu vielseitig empfand sie dieses Land, um es nur einmal zu bereisen. So führte sie ihre Reise- und Abenteuerlust immer wieder nach Indien. Sie schrieb, fotografierte und filmte, reiste von den eisigen Höhen des Himalayas bis an die tropische Südküste, von West nach Ost und Ost nach West, in Bus, Bahn und Rikschas, auf Kamelen und Lkw-Ladeflächen. Die studierte Kulturwissenschaftlerin lebt und arbeitet in Berlin, wenn es sie nicht gerade wieder hinaustreibt in die weite Welt.

2. Auflage

www.conbook-verlag.de
www.1-5-1.de

Einbandgestaltung: LNT Design, Köln
Satz: David Janik
Druck und Verarbeitung: Printer Trento Srl., Italy

Printed in Italy

ISBN 978-3-943176-02-5

Bildnachweis (genannt sind die Nummern der Momentaufnahmen):
Ranjith Shenoy (www.facebook.com/pages/Ranjith-Shenoy-Photography/173355882693551): 12 (oben), 17, 24, 33, 45, 61, 69, 72, 97, 111, 112, 133
Kloot Brockmeyer (http://omniexot.wordpress.com/2010/12/15/postcards-from-n-d): 40, 56, 106 (beide), 132
Mark Hayward (www.spiritualcrafts.webs.com): 38, 43, 86
Rahul Verma (http://nosianai.blog.de): 39, 48
Frank Blau: 113
Mohammed Raphy (www.facebook.com/photogRAPHY007): 14
Shinihas Aboo (www.facebook.com/Shinihasphotography): 74

Alle weiteren Fotografien: Andrea Glaubacker

»Statt langatmiger Abhandlungen hat die Autorin anhand von 151 Stichworten ein Wissen ausgebreitet, das man in den dicksten Wälzern nicht findet.«

EURASISCHES MAGAZIN

»Indien 151 eignet sich gut als Appetitmacher für Indien-Einsteiger, junge Reisende und deren Verwandte und als bildstarkes Sehnsuchts-Geschenk für Indien-Kenner.«

SÜDASIEN

INDIEN 151

Portrait eines Landes mit vielen Gesichtern in 151 Momentaufnahmen

Momentaufnahmen

1 Aberglaube
Menschenopfer und hellseherische Roboter

Eine Randnotiz der *Hindustan Times* berichtet von einem grausigen Fund. Eine schwangere Frau und ihre kleine Tochter wurden enthauptet in ihrer Hütte gefunden. Neben ihnen fand die Polizei Räucherstäbchen, Süßigkeiten und Vermicelli, Fadennudeln. Alles Dinge, die in Indien den Göttern geopfert werden. Aus diesem Grund und weil keine materiellen Gegenstände entwendet wurden, geht der Berichterstatter von einem Ritualmord aus.

Fernab großer Städte kommen Ritualmorde oft gar nicht ans Tageslicht. Nur selten liest man schaurige Geschichten von ausgestochenen Augen, weil jemand den bösen Blick gehabt haben soll, von kleinen Mädchen, die ermordet werden, um Götter gnädig zu stimmen, oder von Menschen, die zerstückelt und verspeist werden, um deren Hexerei ein endgültiges Ende zu setzen.

In Kolkata, der Stadt von Kali, besänftigte man lange Zeit die blutrünstige Göttin durch Menschenopfer. Heute saust das Beil täglich mehrmals auf den Hals einer Ziege nieder. Das kopflose Tier bleibt zuckend auf dem Boden liegen, bis es in der Tempelküche für die Armenspeisung zubereitet wird. Der Glaube, dass blutige Opfer einen günstigen Effekt haben, ist selbst im modernen Indien lebendig.

Eine harmlose Form des Aberglaubens ist der überall gegenwärtige Glaube an die Astrologie. Vor einer Heirat wird die Meinung von Astrologen über die Aussichten der beiden potenziellen Partner eingeholt. Stehen die Sterne ungünstig, bläst man die geplante Hochzeit lieber ab.

Wahrsagerische Fähigkeiten sollen auch kleine, grüne Papageien haben. In winzigen Käfigen warten sie, bis ein Kunde ein paar Rupien in Prophezeiungen investiert. Der gefiederte Hellseher tapst aus dem Käfig und zupft aus einem Stapel ein paar Karten heraus, die von seinem Besitzer wortreich und meist zur Zufriedenheit des Kunden interpretiert werden.

Geldspenden bei einem Tempelbesuch sind selbstverständlich. Und da in Indien alles überdimensional ist, kommen bei einem religiösen Festival auch mal über zehn Millionen Euro Spendengelder an einem Tag zusammen.

Der Aberglaube hat sich zweifelsohne in das modernere Indien hinübergerettet. Dass nun selbst kleine Roboter über Kopfhörer empfangene Lebenstipps abgeben, ist eine ironische Blüte der Modernisierung.

Ad absurdum

Wer ist hier eigentlich verrückt?

Nackt, bemalt, lendenbeschürzt – Sadhus finden sich überall in Indien. Ein hagerer Mann im Lendenschurz und mit blumenbestücktem Rastaturm auf dem Kopf ist nichts Außergewöhnliches. Doch dieser hier ist anders. Bereits von Weitem lassen seine blasse Hautfarbe und sein rötlicher Haarturm erkennen, dass er aus kälteren Gefilden kommt. Mit ziemlich wirrem Gerede stellt sich David aus Oxford vor, und mir wird klar, dass der Mann mit dem Bart ein Problem hat.

Nicht jeder, der beschließt, seinen Pass zu verbrennen und fortan auf den Spuren der Heiligen zu wandeln, hat zwangsläufig ein psychisches Problem, David hingegen schon. In England wäre er längst in fachlicher Betreuung, doch Indien lässt ihn, sich selbst überlassen, gewähren. Er inszeniert und arrangiert sich, weiß genau, wie er und sein langer Stock auf dem Sockel posieren müssen. Ein Inder stellt sich vor ihn, faltet die Hände und betet zu ihm. Das ist, was David auskostet, weshalb er hier ist – für einen Moment ein Heiliger sein. Glaube erschöpft sich oft in Selbstüberschätzung. Das kann die Wirklichkeit vernebeln, wie bei David.

Zwei Tage später begegne ich einer noch merkwürdigeren Gestalt. Ein vom Scheitel bis zur Sohle mit Blumenkränzen behangener Mann mit weiß gekalktem Gesicht drängt mir seine Segnung auf. Ich nehme sein Angebot an, mit ihm einen Tempel zu besuchen. Aus einem Tempel werden fünf und in jedem hängt er mehr und mehr Kränze um meinen Hals, sodass ich am Ende aussehe wie er – eine absurde Gestalt auf religiösen Pfaden wandelnd. Ich bin heilfroh, dass mich niemand kennt, aber immerhin entdecke ich so Tempel und Rituale, die üblicherweise Westlern verwehrt bleiben. Und dann erkennt mich doch jemand: Der junge Manager des Hotels, in dem ich wohne, starrt mich mit großen Augen an. Peinlich berührt folge ich meinem Blumenmann vorbei an Geld sammelnden Priestern, unendlichen Segnungen, noch mehr Blumenkränzen, Gebeten, Opfern. Auf unserer gemeinsamen Odyssee legt er vielen Passanten die Hand auf. Er scheint ein anerkannter Heiliger zu sein. Auch ich soll nun Leute segnen, was ich ablehne – irrsinnig.

Er lädt mich zu sich nach Hause und seiner Familie ein und ich werde stutzig. Heilige haben meist kein Familienleben. Ich willige umso gespannter ein und finde mich in einem profanen Familienstreit in seinem Haus wieder – weil seine Frau das Handy verlegt hat. Nebenbei erzählt er mir, dass er manchmal Lust darauf hätte, in diesem Aufzug herumzulaufen und es dann täte.

Im Hotel angekommen, erklärt mir ein besorgt dreinblickender Manager, dass dieser Mann verrückt sei. Kein Heiliger, kein Guru, sondern ein Mann im religiösen Wahn. Schon wieder – eine bewusste Selbstinszenierung zu einer heiligen Person. Wer ist nun eigentlich verrückt? Der selbsternannte Heilige, die Verehrer, alle zusammen oder keiner? Eine absurde Welt.

3 Adivasi

Indiens Ureinwohner und »Other Backward Classes«

Acht Prozent der Bevölkerung zählen zu den Adivasi, den indischen Ureinwohnern, die sich auf knapp 700 Stämme verteilen. Ihre Geschichte ist leidvoll.

Etwa 1500 v. Chr. erreichten die arischen Invasoren den indischen Subkontinent, unterwarfen die Adivasi und schlossen sie von der hinduistischen Kastengesellschaft aus, diskriminierten und versklavten sie. Als unrein und unzivilisiert abgestempelt, lebten diese Vorfahren der Dalits, der Unberührbaren, am Rande der Gesellschaft. Diejenigen indigenen Stämme, die sich vor den Ariern in schwer zugängliche Berg- und Waldregionen zurückzogen, bildeten die Bevölkerungsgruppe der Adivasi. Ihre Isolation wurde durch die britische Kolonialmacht beendet, die Wälder großflächig rodete und Bodenschätze abbauen ließ.

Heute bedroht das moderne Indien mit seiner Industrialisierungspolitik den verbliebenen Lebensraum. Um Großprojekte wie riesige Staudämme, Ansiedlungen von Schwerindustrie und die Erschließungen von Industrie- und Tourismusstandorten zu realisieren, wurden bereits etwa 15 Millionen Adivasi aus ihrem natürlichen Lebensraum zwangsvertrieben. Manchmal extrem gewaltsam, indem zum Beispiel Siedlungen abgebrannt wurden, um eine Rückkehr zu verhindern. Durch die zunehmende Zerstörung ihres natürlichen Lebensraumes und somit ihrer Lebensgrundlage leben heute etwa 90 Prozent der Adivasi unterhalb der Armutsgrenze.

Für sie und Kasten, die als rückständig eingestuft wurden (von der Regierung offiziell als *OBC – »Other Backward Classes«* – klassifiziert), sollen Reservierungsquoten für mehr Gerechtigkeit sorgen. 49 % der Studien- und Arbeitsplätze im öffentlichen Sektor sind für Kasten und Klassen reserviert, die als rückständig gelten. Bislang werden die reservierten Plätze längst nicht im vorgesehenen Ausmaß von ihnen besetzt.

Diese positive Diskriminierung ist umstritten. Höherkastige Inder bangen um ihre Jobs und Studenten demonstrieren gegen die Quotenpolitik, da sie befürchten, dass nicht Leistung, sondern die Zugehörigkeit zu einer rückständigen Kaste ausschlaggebend für einen Studienplatz ist. Die Quotenregelung wird überall in der Bevölkerung kontrovers diskutiert – keine Diskussion gibt es bei Muslimen und Christen aus benachteiligten Kasten, die grundsätzlich aus dieser Quotenregelung herausfallen.

Affen
Heilige Diebe

Zwei Südkoreanerinnen kreischen. Ein Affe hat sich klammheimlich über die Balustrade nach oben ins Restaurant gehangelt und einer der beiden ein *Chapati* (Fladenbrot) aus der Hand gerissen. Ja, gerissen sind sie, die Affen. Und gute Sportler. Und weil sie einen mächtigen Verwandten haben, den Affengott Hanuman, zählen sie zu den heiligen Tieren Indiens.

In manchen Gegenden sind sie eine wahre Plage. Da müssen Fenster vergittert werden, sonst verschwinden alle Vorräte in den scharfzahnigen Mäulern. Unachtsamkeit darf man sich in Affengegenden nicht leisten, denn Affen sind schlau und flink. Schnell verschwindet die Tasche auf dem Baum, gefolgt von einem Regen der Dinge, die der Affe nicht gebrauchen kann – also alles nicht Essbare. Sind sie zu dreist, verscheucht man sie zwar, aber heilig bleiben sie. Deshalb käme auch niemand auf die Idee, ihnen etwas anzutun. Ganz im Gegenteil. In den Tempeln genießen die Affen absolute Narrenfreiheit und werden von den Besuchern mit Bananen und Süßigkeiten gefüttert, da man dadurch gutes Karma sammelt. Einen Affen gar zu töten, würde sich sehr negativ auf die nächste Wiedergeburt auswirken.

BEWARE OF
MONKEY
बाँदर देखी
होशीयार

5 Alleine sein
Einseitiges Bedürfnis

Endlich allein, die Füße im Sand, den Blick aufs Wasser gerichtet – und weit und breit keine Menschenseele. Doch wie könnte es anders sein: Schon nach wenigen Minuten, man spürt die Blicke im Rücken förmlich, wird die Ruhe durch *»Which country?«* vertrieben. Augen zu, ignorieren – aber *»Which country?«* hört einfach nicht auf, sondern wird so lange wiederholt, bis es beantwortet wird.

Einsamkeit, Ruhe, Alleinsein, das mag für den westlichen Reisenden erstrebenswert sein. Es scheint, ein Inder kann sich schwerlich vorstellen, dass dies ein eigens herbeigeführter Zustand ist, den man womöglich noch genießt. Deshalb hat er keinerlei Scheu, auf sein Gegenüber zuzugehen. Dass sein Gesprächsbedarf als aufdringlich gewertet werden und unerwünscht sein könnte, ist ihm meist nicht bewusst. So kollidiert häufig indisches Bedürfnis nach Austausch, Ablenkung und Plauderei mit dem Bedürfnis eines Reisenden nach Ruhe, Stille und Einkehr.

Es gibt viele Beweggründe für ein Gespräch: unbedarfte Neugierde, profane Langeweile oder berechnende Geschäftstüchtigkeit. Allzu oft kommt nach dem Abfragen von Land und Namen schnell der Shop des Bruders oder ein anderes monetäres, manchmal auch sexuelles Interesse zum Vorschein. Dass der Tourist an manchen Tagen einfach mal die Faxen, respektive Ohren, dicke hat und nichts hören will von *»Country?«*, *»Name?«* oder *»Shop!«*, hält einen Inder meistens nicht ab. Kampf der Kulturen *at its best*.

Tipp: Flexibel bleiben! Das Bedürfnis nach Ruhe über Bord werfen und die Situation, die sich anders als erwartet entwickelt, akzeptieren. Oft ergeben sich nette Unterhaltungen, spontane Einladungen und schöne Augenblicke.

Alter

Altern in Indien

Respekt vor dem Alter ist tief in der Tradition Indiens verwurzelt, und bis vor wenigen Jahren waren die Betagteren des Landes ganz gut versorgt. In der traditionellen Großfamilie, mit mehreren Generationen unter einem Dach, übernimmt die jüngere Generation die Pflege der älteren. Über Jahrtausende war dieses Versorgungssystem intakt. Im 21. Jahrhundert erhält es erste tiefe Risse. Als Resultat der Modernisierung einer Gesellschaft, in der Konsum immer wichtiger wird und Traditionen in den Hintergrund rücken.

Selbst wenn der Großteil der Bevölkerung noch in Großfamilien lebt, in den Großstädten verändert sich die Familienstruktur. Während eine indische Frau noch vor 50 Jahren im Durchschnitt sechs Kinder gebar, ist mittlerweile ein enormer Zuwachs von Kleinfamilien mit zwei, höchstens drei Kindern zu verzeichnen. Entsprechend wenige Menschen werden sich um die Eltern kümmern können, sollten diese pflegebedürftig werden. Eine Auswirkung zeichnet sich schon jetzt ab. Für die älteste Generation ist wegen doppelter Berufstätigkeit und teurem, knappem städtischen Wohnraum oft kein Platz.

Andere Gründe führen auf dem Land zur Vernachlässigung der Alten. Hier zieht es die junge Generation zur Arbeitssuche in die Städte – die Elterngeneration bleibt oft aus Geldmangel auf sich allein gestellt zurück.

Ob Stadt oder Land, wer keine sorgenden Kinder bei sich oder kein Geld hat, der ist im Alter wortwörtlich arm dran. An einem Leben auf der Straße führt dann meist kein Weg mehr vorbei.

7 Ambassador

Schwangerer Büffel auf Rädern

Der Ambassador ist Kult. Die kugelige Limousine ist nicht nur ein Traum für Oldtimer-Liebhaber. Sie ist geräumig, bequem und einfach formschön. Versinkt man in der sofaähnlichen Rückbank und blickt durch die abgerundeten Fenster, fühlt man sich in die 50er Jahre versetzt.

Seit diesem Jahrzehnt wird das Urgestein der indischen Automobilindustrie nahezu unverändert fabriziert. Zwar gibt es neuere Modelle mit Servolenkung, auf allen weiteren elektronischen Schnickschnack verzichtet der Hersteller jedoch konsequent. Wenn etwas kaputt geht, wird es in alter Manier repariert – mit Hammer und Schrauben.

In den späten 50er Jahren kaufte Hindustan Motors dem angeschlagenen britischen Hersteller Morris die Konzession für den Klassiker auf vier Rädern ab. Niemand in England hätte sich je träumen lassen, dass die beliebte Serie III des Oxford ein halbes Jahrhundert später in einer stolzen Stückzahl von 600.000 noch immer auf indischen Straßen unterwegs sein wird. 5.000 Exemplare davon gehören der Regierung, die die *»Ambys«*, wie sie von ihren Fans genannt werden, seit jeher als Staatskarossen nutzt. Das rundliche Design brachte dem Auto mit dem gewölbten Dach den Spitznamen »schwangerer Büffel« ein.

Noch in den 80er Jahren prägten diese schwangeren Büffel das Straßenbild. Das änderte sich mit der Öffnung des indischen Marktes Anfang der 90er Jahre. Die Vormachtstellung des robusten Wagens bröckelte. Heute sind vor allem Mitsubishi und Hyundai beliebt, die es aber nicht schaffen, den Ambassador zu verdrängen. Noch immer werden 18.000 Stück pro Jahr angefertigt. Und wer einen besitzt, der liebt ihn heiß und innig. Ein Verkauf ist undenkbar.

VIDEOCON

Armut

Geschönte Statistiken und sterbende Kinder

Indiens Armut hat viele Gesichter. Um die 300 Millionen Inder, das ist knapp ein Drittel der Bevölkerung, leben in extremer Armut und haben weniger als einen Dollar am Tag zur Verfügung. Hinter der Armut verbergen sich unterschiedlichste Schicksale. Zu viele, um sie alle aufzuzählen.

Menschen, die, ihrer Menschenwürde beraubt, mit schwarzen Händen im Müll nach Verwertbarem suchen. In Staub und Dreck liegende Männer, Frauen und Kinder. Abgemagerte Bettler und Krüppel, die ihre Hände nach ein paar Rupien ausstrecken. Kinder, die schuften – als Müllsammler oder in Fabriken. In Schuldknechtschaft getriebene, verzweifelte Kleinbauern, deren Familien Hunger leiden. Tagelöhner, Alte, Kranke und Landflüchtlinge.

Man möge annehmen, Indiens rasanter Wirtschaftsaufschwung habe die Lebensbedingungen der Ärmsten verbessert. Leider ist dies falsch. 1,7 Millionen Kinder sterben jährlich an Unterernährung und 43 % aller Kinder unter fünf Jahren sind unterernährt. Außerdem hat Indien mit 230 Todesfällen pro 100.000 Lebendgeburten eine der höchsten Müttersterblichkeitsraten weltweit – das fast 30-fache einer durchschnittlichen Industrienation.

Um die Statistiken zu verbessern, feilte die indische Planungskommission an den Richtlinien für Armut und setzte die Grenze unterhalb der internationalen Werte fest. Nun braucht ein Landbewohner nur noch 33 Cent und ein Inder in der Stadt 42 Cent am Tag, um – laut Statistik – keinen Hunger mehr zu leiden. Die Planungskommission wurde so auf einen Schlag 50 Millionen Arme los und kann nun Geld für Lebensmittelrationen einsparen. Ausgerechnet in Zeiten, in denen die Kosten für Nahrungsmittel im Land stark steigen.

Selbst wenn ein anderes Bild gen Westen strahlt, auch nach 20 Jahren Wachstum ist Indien eine der ärmsten Nationen der Welt.

தவிர்க்கவும்
அபாயகரமாக

9 Arunachala

Gipfelfeuer bei Vollmond

Für die einen ist der etwa 980 Meter hohe Arunachala nur ein Steinhaufen, für andere ist er der heiligste Berg der Welt. Der gemeinhin als heiligster Berg Indiens geltende Kailash ist eigentlich nur der Wohnsitz Shivas – der Arunachala jedoch gilt als Shiva selbst. Auf dem Gipfel des Berges soll er den Götterkollegen Brahma und Vishnu in Form einer Feuersäule erschienen sein.

Deshalb wird an Vollmond im November auf dem Arunachala groß gefeiert. Priester schleppen literweise geklärte Butter und Öl den Berg hinauf. Wenn dann der Vollmond am Horizont aufgeht, zünden die Priester die flüssigen Brennmittel an, und eine meterhohe Feuersäule schießt in den Nachthimmel als Erinnerung an Shivas Erscheinen.

Jeden Vollmond marschieren Hunderttausende barfuß um den Berg. Das soll Wünsche erfüllen und schlechtes Karma auslöschen. Das Pilgern um den Berg ist aber kein bierernstes Unterfangen, sondern erinnert eher an einen 14 Kilometer langen Rummel.

Der Arunachala zieht seit jeher Heilige an. So kam der indische Guru Ramana Maharshi als Teenager zum Berg und blieb dort bis zu seinem Tode im April 1950. Er ist in Indien als erleuchteter Meister anerkannt, sein Ashram am Fuße des Berges ist noch heute ein beliebtes Pilgerziel. Er beschrieb den Berg in eigens verfassten Hymnen so: »Arunachala ist ein verborgener, heiliger Ort. Er ist immer vergleichsweise wenig bekannt geblieben. Der Berg verleiht Selbsterkenntnis, Jnana, aber die meisten Menschen haben andere, stärkere Begierden und suchen nicht wirklich dieses tiefe Wissen. Oh Arunachala, Du entwurzelst das Ego derjenigen, die an Dich in ihrem Herzen denken.«

Ashram

Mehr als die Summe der einzelnen Teile

Ein Ashram ist eine Art indisches Kloster, das je nach Tradition und Meister ganz unterschiedliche Schwerpunkte hat. In einigen Ashrams werden körperliche Yogaübungen gemacht, andere sind ganz auf Meditation ausgerichtet, wieder andere auf Rituale und Gebete.

Die Ashramiten, wie die Bewohner genannt werden, suchen ihren Ashram nach dem Meister aus. Dabei spielt es eine untergeordnete Rolle, ob er noch lebt oder »seinen Körper verlassen hat«. So wird unisono der Tod von Gurus umschrieben, denn es wird davon ausgegangen, dass seine Präsenz unverändert weiterwirkt und er auch nach seinem körperlichen Tod die Aspiranten auf ihrem spirituellen Weg unterstützt.

Finanziert werden die Ashrams meist über Spendengelder. Nicht alle Einrichtungen sind für Reisende aus dem Westen offen. Einige verlangen zumindest eine Art Bewerbung und wollen so eine hohe Fluktuation verhindern. Andere sind offen für Kurzzeitbesucher und nehmen jeden Interessenten – eine rechtzeitige Anmeldung vorausgesetzt – gerne auf.

Meine eigene, vierwöchige Zeit in einem Ashram war eine aufregende, auch wenn das ein Beobachter von außen kaum hätte nachvollziehen können. Denn dieser hätte nur meditierende, sich verrenkende Menschen gesehen. Spannung und Abenteuer? Nada, nüscht, niente. Das, was den Aufenthalt spannend machte, war die Konzentration auf sich selbst. Ablenkung gab es in diesem Ashram, in dem vor allem Yoga und Meditation praktiziert wird, keine.

Ich habe jeden Tag stundenlang meine Gliedmaßen verrenkt und Sanskritlieder gesungen, mir den Hintern wund meditiert, Atemtechniken erlernt und vedische Philosophie studiert. Ich erinnere mich an die Verwirrung des ersten Tages, als alles fremd war. Wie geheimnisvoll und betörend die Sanskritlieder klangen. An die indischen Yogalehrer, die von innen her zu leuchten schienen. Wie ich Atemtechniken lernte und spürte, dass der Atem die Lebensenergie ist, die wir beeinflussen können. Ich steigerte meine Lebensenergie *(Prana)* in einem solchen Maße, dass ich trotz wenig Schlaf und stundenlangen körperlichen Übungen so fit war, wie vielleicht noch nie zuvor. Ich reflektierte über westlichen Rationalismus und die vedische Philosophie und kam zu dem Ergebnis, dass es nicht der richtige Weg sein kann, wenn wir uns nur mit unserem Verstand identifizieren und uns von ihm kontrollieren lassen. Wir sind nicht nur der Verstand, nicht nur der Körper, nicht nur die Gefühle. Aber was sind wir? Sind wir vielleicht doch viel mehr als die Summe dieser Teile?

DAILY SCHEDULE

IS A SPECIAL PLACE DEDICATED TO SPIRITUAL DEVELOPMEN
ERATED BY THE DAILY DISCIPLINE, ATFER ONLY A FEW DAYS
IET EXHILERATION, A PHYSICAL & MENTAL WELLBEING

5.30 RISING BELL.
6.00 MEDITATION.
7.30 TEA.
8.00 YOGA ASANAS & PRANAYAMA.
10.00 BRUNCH.
11.00 MAIN LECTURE
WORK ETC., AROUND THE PREMISES.
12-30 KARMA YOGA (SELFLESS SERVICE)
1.30 TEA.
2.00 COACHING CLASS (OPTIONAL)
→ ~~4.00~~ YOGA ASANAS & PRANAYAMA.
6.00 DINNER.
8.00 MEDITATION.
10.00 LIGHTS OUT.

G MEDITATION WILL ELEVATE YOUR MIND. BREATHING EXERCISES
Y CELL OF YOUR BODY. YOGA EXERCISES WILL UNLOCK T
UR HEART. RELAXATION WILL REMOVE STRESS.

ot outside for light, Peace, joy & bliss. L

11 Ayurveda
Wissen vom Leben

Der aus dem Sanskrit stammende Begriff *Ayurveda* heißt übersetzt »Wissen vom Leben«. Hinter Ayurveda verbirgt sich eine Philosophie, die den Menschen und seine Umwelt ganzheitlich betrachtet, mit dem Ziel der Harmonie von Körper, Geist und Seele.

In den etwa 2.000 Jahre alten Schriften, auf denen sich die Lehre begründet, wird das Leben als ein komplexes System beschrieben, das von unterschiedlichsten Faktoren beeinflusst wird. Seelische und körperliche Befindlichkeiten werden entsprechend des eigenen Umgangs mit sich und seiner Umwelt gesehen und körperliche Disharmonien mittels Pulsdiagnose ermittelt. Allerdings hat nach der ayurvedischen Lehre jeder Mensch auch eine ganz individuelle Konstitution, bestehend aus den Kräften, die auch im Kosmos wirken: Erde, Wasser, Feuer, Luft und Äther. Diese Elemente wirken in jedem Menschen in den sogenannten *Doshas Vata*, *Pitta* und *Kapha*. Dabei bestimmt *Vata* den Kreislauf und das Nervensystem, *Pitta* die Verdauung und den Stoffwechsel, *Kapha* hat Einfluss auf die Gelenke.

Da in den Nahrungsmitteln dieselben fünf Elemente vorhanden sind, so die Lehre, kann nun durch entsprechende Lebensmittel das zu behandelnde *Dosha* reduziert oder gestärkt und dadurch die Gesundheit wieder hergestellt werden. Da der Mensch aber immer als Ganzes betrachtet wird, sind emotionale und mentale Ausgeglichenheit sowie ausreichend Bewegung neben einer auf die individuelle Grundkonstitution abgestimmten Ernährung die Grundpfeiler für eine optimale Gesundheit.

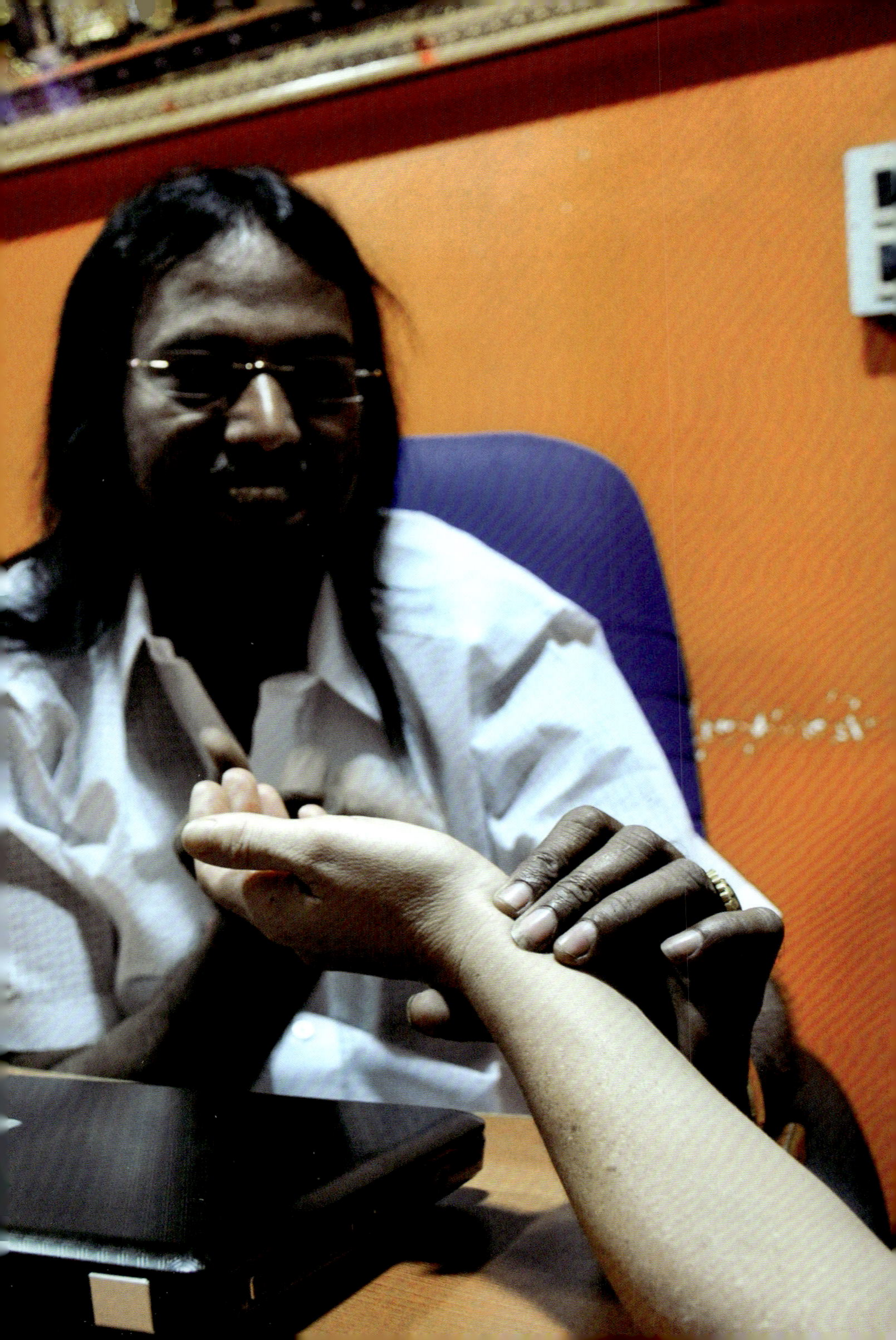

12 Backwater

Welcome on board

Nur das sanfte Geräusch des durch das dunkle Wasser gleitenden Bootes ist zu hören, während wir uns von einem stakenden Bootsmann durch eine der atemberaubendsten Landschaften Keralas schippern lassen – die *Backwaters*, von den Einheimischen *Kuttanad* genannt.

Gesäumt von schlanken Kokosnusspalmen und grünen Reisfeldern sind wir inmitten eines dunkel schimmernden Wasserlabyrinths, das mit Flüssen, Lagunen und Seen Kerala, Indiens südwestlichsten Bundesstaat, durchzieht. Diese faszinierende Landschaft auf Hausbooten oder einfachen Kähnen, den *Kettuvellams*, vom Wasser aus zu erkunden, gehört zu den Highlights Südindiens.

Von den Wasserwegen eröffnet sich eine Welt, die von den Straßen aus unsichtbar bleibt. Einfache Zugbrücken spannen sich über schmale Kanäle, vereinzelt stehen kleine Steinhäuser in Ufernähe. Der Dorfalltag zieht vorüber. Frauen in bunten Saris erledigen knietief im Wasser stehend den Abwasch oder klopfen die Wäsche auf Steinen aus.

Das Ufer ist gesäumt von grünen Sträuchern und hohen Gräsern, offene Flächen mit leuchtenden Reisfeldern wechseln sich mit undurchdringlichem Bewuchs ab. Rote Hibiskusblüten blitzen auf, schlanke Palmen wachsen gen Himmel, der schnelle Flügelschlag des blaugefiederten Kingfishers, des Eisvogels, durchbricht die tiefe Geruhsamkeit. Am Ufer abgelegte Zahnbürsten und Seifenstückchen markieren die Badezimmer. Grassoden treiben ruhig dahin, eine braungelbe Wasserschlange gleitet unter die Seerosen.

Paradiesisch, oder?

Wenn es nicht immer ein Aber gäbe – denn durch Überdüngung der Felder, illegale Bodengewinnung durch Trockenlegung und eine überdurchschnittlich hohe Bevölkerungsdichte ist das Ökosystem in ein Ungleichgewicht geraten. Auch motorbetriebene Touristenboote tragen dazu bei – lassen Sie sich also besser umweltverträglich und wesentlich geruhsamer von einem Bootsmann durch die Gewässer staken.

Badrinath
Pilgern im Himalaya

Es gibt zahlreiche Pilgerorte in Indien, doch eine der wichtigsten Pilgerstätten ist Badrinath, auf 3.100 Metern Höhe und nahe der tibetischen Grenze gelegen.

Der Tempel in Badrinath ist dem Gott Vishnu gewidmet. Mit Kedarnath, Gangotri und Yamunotri gehört Badrinath zum sogenannten Chardham, zu den vier heiligsten Pilgerstätten im Himalaya, deren Besuch Erlösung aus dem Zyklus der Wiedergeburt verheißt. Die Tempel öffnen von Mai bis November ihre Tore und besonders am Eröffnungstag sind die Orte vor allem eines: heilig.

Die Reise nach Badrinath führt über abschüssige Serpentinen einige Stunden bergauf. Hinten im Jeep sitzen drei Sadhus, Bettelmönche, direkt neben mir. Auf der Fahrt begegnen wir Hunderten Pilgern auf ihrem Weg. Wie meine Mitreisenden sind die meisten Sadhus, die allerdings kein Geld für einen motorisierten Transport haben. Zwei stechen unter ihnen heraus, die sich mit ihrer religiösen Prüfung den Weg nicht gerade leichter machen. Der eine läuft ausschließlich rückwärts, der andere bewegt sich im Lotus sitzend mit seinen Armen vorwärts, indem er seine Hände, die er in Holzlatschen gesteckt hat, vor dem Körper absetzt und seinen Körper durch die Arme nach vorne schwingt. Ob er es wohl zur Eröffnung schafft? Manche, wahrscheinlich auch er, sind seit Monaten unterwegs, nur um bei der Tempeleröffnung anwesend zu sein.

Ich komme zwei Tage vor dem großen Tag an. Es gibt nur wenige Unterkünfte, die schon bezugsfertig sind. Allerorts wird noch gehämmert, gestrichen und gebaut, es werden Buden auf den Straßen aufgestellt, Waren sortiert. Kaum vorstellbar, dass der Ort, der sich regnerisch grau und trostlos, sich völlig ohne Glanz und

Gloria zeigt, in der kurzen verbleibenden Zeit herausgeputzt werden wird.

Der bunt bemalte Tempel liegt hinter einer Brücke unterhalb eines schneebedeckten Berges. Auf Leitern, die am Tempel lehnen, wird unter grauem Himmel in eisiger Kälte herumgebastelt, während es von den unterhalb gelegenen heißen Quellen nach oben dampft. Mehr und mehr heilige Männer strömen in den Ort und beziehen simple Unterkünfte oder errichten notdürftige Lager unter freiem Himmel. Nachts ist es bitterkalt. Die Sadhus sind zwar ein entbehrungsreiches und hartes Leben gewöhnt, aber wie man diese Kälte überleben kann, ist mir schleierhaft. Ich liege erstarrt unter drei Bettdecken, klappere mit den Zähnen und denke an die, die draußen schlafen.

Der große Tag ist da. Ich öffne die Fensterläden und bin überrascht. Die schneebedeckten Berge strecken sich wie weiße Milchzähne in den blauen Himmel und der Grauschleier der vorherigen Tage ist einer strahlenden Farbigkeit gewichen. Auf dem Weg zum Tempel kommt mir ein rastahaariger Sadhu im Lotussitz entgegen, der sich mithilfe seiner Arme fortbewegt. Er hat es tatsächlich rechtzeitig geschafft. Unglaublich. Eines der kleinen täglichen Wunder Indiens.

Der ganze Ort ist verwandelt. Ein buntes Treiben zwischen zahlreichen Marktständen, die von Gebetsketten und Götterfiguren über Opfergaben bis hin zu warmen Mützen alles verkaufen, was man an einem heiligen Ort im Himalaya eben so braucht. Hunderte Pilger, darunter viele Sadhus, strömen zum Tempel, der nun vom Dach bis zum Grundstein komplett mit unzähligen orangefarbenen Blumengirlanden geschmückt ist. Vor dem Tempel, auf Einlass wartend, wird gesungen. Eine fröhliche Stimmung liegt in der Luft, getragen von Leichtigkeit und purer Freude. Ich frage mich, ob ich in der Heimat schon einmal solch einem freudvollen Massenfest beigewohnt habe. Bilder von gefüllten Bierzelten und »*Oans-zwoa-gsuffa*-Gerölle« fallen mir als schlechte Analogie ein.

Erinnerungsfotos werden geknipst, Opfergaben gekauft und Essen an alle verteilt. Bettler sitzen in langen Reihen am Wegesrand, heilige Männer stehen zusammen und plaudern. Die Händler freuen sich über gute Geschäfte und die Pilger darüber, hier sein zu können. Jeder ist sich der Besonderheit des Tages bewusst. Dieser Tag gehört ganz Vishnu – dem Erhalter der Erde.

Bangalore
Das indische Silicon Valley

Bangalore ist die wohl untypischste indische Stadt. Anders als sonst in Indien säumen statt Müllberge dafür vorgesehene Tonnen den Wegesrand. Statt der sonst üblichen, tiefen Krater sind die Straßen glatt wie ein Kinderpopo und Armut ist weitaus weniger sichtbar als in anderen Städten des Landes.

Bangalore ist die drittgrößte Stadt Indiens. Die 8,4 Millionen Einwohner stammen zur Hälfte aus allen Teilen Indiens und der Welt. Es sind größtenteils IT-Fachkräfte, gerufen von den vielen in- und ausländischen Technologieunternehmen (z. B. Siemens, IBM, Intel, Bosch und Dell), die sich in Bangalore ansiedelten und der Stadt zu dem Ruf »indisches Silicon Valley« verhalfen. Für diese Unternehmen machen sich die vergleichsweise geringen Lohnkosten der indischen IT-Fachkräfte bezahlt. Zwischen 300 und 800 Euro im Monat verdient ein ITler, Ingenieure bekommen einen Monatslohn von 500 bis 900 Euro. Für die Konzerne sind das Dumpinglöhne, für Indien sind diese Einkommen gigantisch.

Weniger bekannt, aber für den Aufschwung der Stadt entscheidend, war die starke Förderung der indischen Regierung in Sachen Forschung und Entwicklung der Luft- und Raumfahrtindustrie – indische Raketen und Satelliten stammen von hier. Ein weiterer starker Wirtschaftszweig ist die Biotechnologie. Knapp die Hälfte aller indischen Biotechnologiefirmen ist in Bangalore angesiedelt. Dadurch hat sich eine breite Mittelschicht gebildet, die gerne westlich geprägt konsumiert. Multiplex-Kinos, Shopping Center, Bars und Pubs sowie McDonald‘s, Pizza Hut & Co machen hier ein gutes Geschäft.

Bengaluru, wie Bangalore offiziell seit 2006 heißt, aber von kaum jemandem genannt wird, hat noch einen anderen, ganz untechnologischen Spitznamen. »Gartenstadt« wird die Stadt gerne aufgrund ihrer vielen Parks und Grünanlagen genannt. Auch das ist für Indien untypisch – aber so ist Bangalore.

15 Bangles

Ein Bangle kommt selten allein

Selbstbewusst stemmt das junge Mädchen eine Hand in die Hüfte, der andere Arm hängt locker herunter und ist bis zum Oberarm mit zahlreichen Armreifen, *Bangles*, bedeckt. Nackt steht sie da, die langen Haare locker im Nacken zusammengebunden, die Knie leicht gebeugt, als würde sie zum Takt der Musik mitwippen.

Das Mädchen aus Mohenjodaro ist nur knapp über 10 cm groß und etwa 4.500 Jahre alt. Als eine der ältesten Bronzestatuen der Induskultur zeigt sie, dass das Tragen der Armreifen eine lange Tradition hat.

Noch heute begleitet ein leises Klirren die Handbewegungen indischer Hindufrauen, da der Armschmuck mindestens paarweise getragen wird. Während früher der Armschmuck aus Gold, Glas, Silber oder Elfenbein hergestellt wurde, sind heutzutage auch Plastikreifen eine beliebte, weil preisgünstige Variante. Nach altem Glauben bringt das Tragen von Glasarmreifen Ehemännern Glück, ein schlechtes Omen ist es allerdings, wenn sie zerbrechen.

Eine besondere Rolle kommt den Armreifen während der Hochzeit zu. Da nach altem Glauben der *Honeymoon* so lange dauert, bis der letzte Reif zerbrochen ist, zieren möglichst viele davon die Unterarme der Braut. Heutzutage wird der Armschmuck auch von unverheirateten Mädchen als modisches Accessoire verwendet, auch wenn die alten Bräuche weiter bestehen.

Barbiere

Der Bart muss ab

Der Bart bleibt aber leider dran.

Indien ist das Land der Schnauzbärte. Unzählige Barbiere bringen die Millionen Schnäuzer in Form. Oft am Straßenrand und unter freiem Himmel warten die Barbiere auf rasierwillige Kundschaft. Die Ausstattung der Open Air Barbiere ist funktional. Ein Stuhl, ein scharfes Rasiermesser, Rasiercreme, Pinsel und ein Spiegel reichen, um das Messer berufsmäßig am Männergesicht zu wetzen. Der rasierwillige Kunde hofft, dass der Barbier nicht so blind ist wie der Spiegel, vor dem er sitzt.

Die Barbiere leisten sehr gute Arbeit, aufgeklebte Papiertuchschnipsel in Männergesichtern sieht man nie – die blitzscharfen Messer werden mit ruhiger Hand geführt. Mutige Touristen, die sich irgendwann ihre Reisebärte abscheren lassen, schwitzen dabei trotzdem Blut und Wasser. Übrigens: Eine Ohrenhaarentfernung gibt's gratis dazu – die werden einfach abgebrannt.

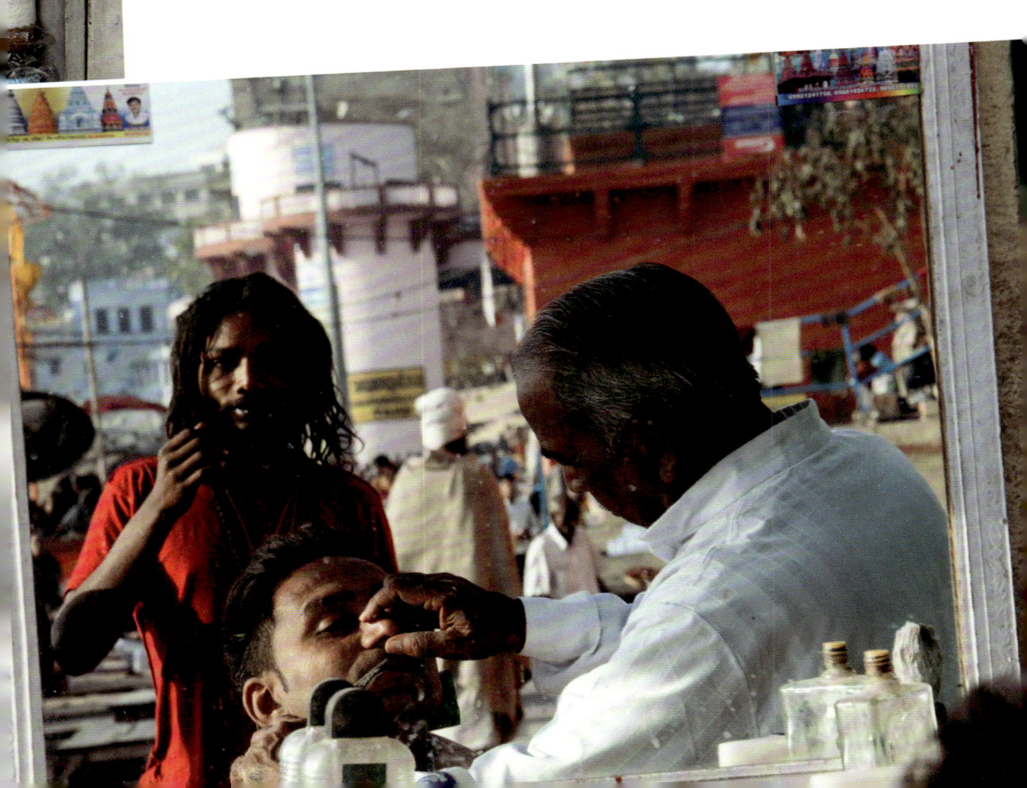

17 Bauern
Last exit: Selbstmord

Jedes Jahr im Juni stehen Millionen Bauern auf rissigen, heißen Lehmböden und blicken sehnsuchtsvoll in den wolkenlosen Himmel, bis er endlich kommt, der segen- und ernteversprechende Monsun. Fällt er schwach oder ganz aus, kann das den Ruin bedeuten.

Schnell gerät der Bauer in die Schuldenfalle bei privaten Geldverleihern, die mit Wucherzinsen ihren Teil zum Übel beitragen. Kommt dann im nächsten Jahr eine Missernte dazu, ist der Landwirt endgültig ruiniert. Verzweifelt wählen viele den Tod.

Der indischen Statistik zufolge haben sich seit Ende der 90er Jahre mehr als 100.000 Bauern und Landarbeiter das Leben genommen, die Dunkelziffer wird um ein Vielfaches höher liegen. Sie schlucken Pestizide, Rattengift oder erhängen sich, weil sie ihre Familien nicht mehr ernähren können und keinen Ausweg sehen.

Verschärft hat sich die Situation der Bauern Anfang der 90er Jahre mit der Liberalisierung des Landes. Auf Druck der Welthandelsorganisation WTO hatte die Regierung in Neu Delhi die Importzölle und die Subventionen gesenkt. Nun mussten die Bauern mit den hoch subventionierten Produkten der Anbieter aus Europa und den USA konkurrieren.

Von der indischen Regierung wird die »Grüne Revolution« als großer Erfolg verbucht. Durch neue Hochertragssorten und den Einsatz von Pestiziden und Düngemitteln wurden in den 60er Jahren die Erträge zunächst um ein Vielfaches gesteigert. In den 90er Jahren waren die negativen Folgen nicht mehr zu übersehen – ausgelaugte Böden, resistente Schädlinge und sinkende Erträge.

Das nutzte die Gentechnik-Lobby und drängte aggressiv auf den Markt. Sie versprach den Bauern höhere Erträge bei geringerem Einsatz von Pestiziden. Viele Bauern ließen sich überzeugen. Mit weitreichenden Folgen, denn das Saatgut ist steril und muss jährlich neu und für einen wesentlich höheren Preis als normales Saat gekauft werden. Außerdem ist das Gensaatgut entgegen der Versprechungen nicht resistent gegen Schädlinge, wodurch zusätzliche Kosten für Pestizide fällig werden. Dadurch ist die ohnehin große Gefahr, in Schuldenabhängigkeit zu geraten, enorm gestiegen. Ein Teufelskreis, der oft im Freitod endet.

Weltweit wird eine Monopolisierung gentechnisch veränderten Saatguts vorangetrieben. Sollte es Konzernen wie Monsanto und Bayer CropSience gelingen, die traditionellen Sorten zu verdrängen, ist die Abhängigkeit von diesen Konzernen und deren patentierten Samen die Folge. Besonders paradox: Die Patentansprüche können auch gegenüber Bauern geltend gemacht werden, die ausschließlich traditionelles Saatgut verwenden – wenn deren Flächen durch umliegende, mit genmanipulierten Samen bestellte Felder »verunreinigt« werden.

Bettler

Give me Rupies, please

Kennt man Bettelei nur als höfliche Anfrage, ob man das Obdachlosenmagazin *motz* kaufen wolle, in Form von auf den Boden blickenden Bettlern oder eines zurückhaltend vorgetragenen »Sorry, kannst du mir bitte 50 Cent für ein U-Bahn-Ticket geben«, erlebt man in Indien sein blaues Wunder. Betteln wird hier ganz offensiv betrieben.

Da kann es schon passieren, dass einem ein Bettler nicht von der Seite weicht, sich aufgehaltene Hände durch das Taxifenster schieben, an der Kleidung gezupft wird oder einem Kinderhorden folgen. Und ganz anders als in Europa ist Betteln hier ein anerkannter Berufsstand.

Allein in der Metropole Mumbai gibt es etwa 300.000 Bettler. Die Bandbreite ist immens. Es gibt von Syndikaten organisierte Bettlertrupps, die alle Einnahmen gegen Kost und Logis abliefern müssen, und selbstorganisierte Bettler. Es gibt bettelnde Frauen, deren Männer normalen Jobs nachgehen und die so ein Zubrot verdienen. Kinder, teilweise ohne Familie oder auch von dieser auf die Straße geschickt, Krüppel, Witwen, verarmte Bauern, Alte und Bettler in den Gewändern des heiligen Mannes. Es gibt schaurige Geschichten über von der Mafia geraubten Kindern, denen die Augen ausgestochen oder Glieder abgetrennt werden. Von Kindern, die in Kisten gesperrt werden, damit die Körper verwachsen, weil aus Mitgefühl für Krüppel mehr Geld in die Bettelschalen fließt. Es gibt zu viele Bettler, denen Gliedmaßen fehlen, als dass es Unfallopfer sein könnten. Wie viele Rupien die Mafia über ihre Bettlerhorden einnimmt, weiß niemand. Es sind Unsummen.

Wem also Geld geben – und wem nicht. Eine schwierige Entscheidung, die jeder selbst fällen muss. Mancher vermeintliche Bettler ist ein reicher Mann. Die meisten kämpfen allerdings ums tägliche Überleben. Das ist für Millionen Inder bittere Realität. Ein Drittel der Bevölkerung lebt von weniger als einem Dollar pro Tag.

10 Bidis

Die Zigarette des kleinen Mannes

Das Rauchverbot greift auch in Indien um sich. Vor ein paar Jahren wurde nahezu überall geraucht, mittlerweile ist es in Bahnhöfen und öffentlichen Einrichtungen verboten, zumindest offiziell.

Kurz nachdem Anfang des 17. Jahrhunderts die ersten Tabakpflanzen ins Land kamen, begann Indien mit der Tabakproduktion. Als Arbeiter auf den Plantagen Tabak in Blätter rollten und diese rauchten, war die *Bidi* geboren. Heute gibt es die in Blätter gerollten, kleinen Zigaretten überall in Indien. Gesünder ist das Bidirauchen nicht, im Gegenteil. Da das Blatt porös ist, muss der Raucher wesentlich stärker daran ziehen, um sie am Glimmen zu halten. Im Vergleich zu einer normalen Zigarette atmet man auf diese Weise beim Rauchen der *Bidi* etwa dreimal so viele Schadstoffe ein.

Amerikanische Marken zu rauchen ist bei der Mittel- und Oberschicht angesagt. Eine indische *Gold Flake* sollte es mindestens sein. Die *Bidi* dagegen ist die Kippe der Armen. 50 Paisa, weniger als ein Cent, kostet eine Bidizigarette am Kiosk.

Bildung
Pauken oder arbeiten

Der indische Zensus von 2011 brachte Erfreuliches zu Tage. Die Alphabetisierungsrate ist von 65 Prozent im Jahre 2001 auf 74 Prozent gestiegen. Unverändert blieb leider das große Ungleichgewicht zwischen Männern und Frauen.

82 Prozent der Männer können lesen und schreiben, bei den Frauen sind es nur 65 Prozent. Die Unterschiede zwischen den Bundesstaaten sind allerdings noch erheblicher: In Kerala gibt es nur sechs Prozent Analphabeten, in Bihar sind es dagegen 36 Prozent.

Eigentlich besteht in Indien eine Schulpflicht für alle Kinder. Obwohl die Schulen kostenlos sind, nehmen längst nicht alle am Unterricht teil. Oft müssen die Kinder arbeiten, um die Familie durchzubringen, das lässt einen regelmäßigen Schulbesuch nicht zu. Die Abbrecherrate steigt mit der Klassenstufe und Straßenkinder haben ohnehin ganz andere Sorgen als die nächste Mathearbeit.

Staatliche Schulen haben nicht den besten Ruf. Lehrer erscheinen oft gar nicht zum Unterricht und sind mit übergroßen Klassen von bis zu 60 Schülern überlastet. Manchmal fällt der Unterricht wochenlang aus, alternative Privatschulen sind für die meisten viel zu teuer.

21 Bindi
Roter Stirnpunkt

Traditionell trägt jede verheiratete Hindufrau einen roten Stirnpunkt, einen *Bindi*, zwischen den Augenbrauen. Das Wort *Bindi* entstammt dem Sanskritwort *»Bindu«* und heißt Tropfen, die rote Farbe soll Glück bringen. Außerdem soll er sie und ihren Gatten schützen und Erfolg und Wohlstand anziehen.

Heutzutage ist ein *Bindi* oft modisches Accessoire und wird als aufgemalter Stirnpunkt oder ornamentaler Sticker auch von unverheirateten und muslimischen Inderinnen getragen. Simple Varianten der *Bindi*-Sticker werden von Frauen mit Hammer und Meißel in Heimarbeit ausgestanzt und an Großhändler verkauft.

Entscheidend ist, dass er an der Position des dritten Auges, nämlich zwischen den Augenbrauen, angebracht wird. Dieser Energiepunkt ist als *Ajna Chakra* bekannt, der Sitz von Wahrnehmung, Intuition und Wissen, und zugleich ein wichtiger Meditationspunkt. Ein *Bindi* an dieser Stelle soll Konzentration und Energie fördern, außerdem vor bösen Blicken schützen.

Haben Männer oder Kinder einen Punkt oder ein Mal auf der Stirn, zeigt dies einen Tempelbesuch an. Als Segenszeichen drückt der Priester jedem Besucher ein Zeichen aus einer Kurkumamischung oder aus Sandelholzpaste auf die Stirn.

Blumen

Blumen, Blüten und Girlanden

»Ah, sie lieben Blumen, ich auch«, sagt mein Rikschafahrer erfreut, als ich ihm als Zielort den Blumenmarkt nenne. Er zeigt auf eine verwelkte Blumengirlande, die neben einem Anhänger mit dem Elefantengott Ganesh vom Rückspiegel baumelt, und rast los.

Auf dem Markt kommen Blumenfreunde auf ihre Kosten. Blumen in allerlei Farben und Formen beherrschen das Bild. Da türmen sich in kräftigem Rot Rosenblüten auf dem Lehmboden, werden säckeweise feine Blütengebilde, süßlich duftende Jasminberge und safranfarbene Studentenblumen feilgeboten. Verkäufer besprenkeln das Blütenmeer mit Wasser, um es vor Austrocknung zu schützen. Verkauft wird nur ab einem halben Kilo. Zum Leidwesen der Verkäufer will ich partout keinen Sack voller Blüten kaufen. Stattdessen beobachte ich lieber einen Mann, der geschickt weiße Jasminblüten zu Girlanden knüpft. Überall liegen Blütenketten auf dem Boden und warten auf Käufer.

Blumen spielen im Alltagsleben Indiens eine große Rolle. Frauen tragen sie als Haarschmuck, Blumengirlanden schmücken den Hauseingang genauso wie das Portrait des Firmenchefs, doch vor allem werden sie zu religiösen Zwecken verwendet. So erhalten die Götter in den Tempeln und an den Hausaltären täglich frische Blumen. Heiratet ein Hindupaar, werden die Hände der beiden vom Brautvater mit einer Blumengirlande umwickelt, und als Zeichen der Verbindung hängen sich die Brautleute gegenseitig Blütenketten um den Hals. Kommen die frisch Vermählten nach Hause, erwartet sie ein Bett, das in ein Blumenmeer verwandelt wurde.

Als ich wieder in der Rikscha sitze, dreht sich der Fahrer mit feinem Lächeln um: »Wissen sie, Blumen sind das Geschenk Gottes an uns Menschen, und deshalb sollten wir ihm täglich welche darbringen.«

Von seinem Rückspiegel baumelt jetzt eine frische, orangefarbene Blütengirlande neben dem Elefantengott.

Bollywood

Herz-Schmerz-Tanz-Drama-Komödie-Gesang-Action-Masala

Der muskulöse Held blickt seiner auserwählten Herzensdame tief in die Augen und hebt seine samtweiche Stimme zu einem Liebesschwur an. Die Hintergrundmusik lässt erahnen, dass Gefahr ins Haus steht – schon sieht man den Nebenbuhler mit fiesem Grinsen um die Ecke linsen. Gerade als er – ratsch – Filmriss ...

Empörte Rufe und laute Pfiffe, ein Schuh fliegt auf die Leinwand. Der Filmvorführer flickt unter Hochdruck das Zelluloid, bevor das Mobiliar Schaden nimmt. Der Film ruckelt, nimmt wieder seinen Lauf und dann erst sinken die Kinobesucher wieder in ihre Sessel zurück.

Nicht nur bei einem Filmriss kochen die Emotionen hoch, ganze drei Stunden, so lange dauert ein durchschnittlicher Bollywoodfilm, wird mitgelitten, mitgeliebt, mitgekämpft und mitgelacht. Sogar mitgesungen wird, denn ein wesentlicher Bestandteil der Filme sind Gesangs- und Tanzszenen. Und letztlich sind es auch die Filmsongs, die darüber entscheiden, ob ein Film ein Hit wird oder in den Regalen der Videohändler verstaubt. Floppt die Musik, floppt der Film. Doch wenn ein Film einen Hit hervorbringt, der auf der Straße gesungen wird und aus billigen Lautsprechern schrill durch das Land klingt, dann ist der Film ein richtiger Kassenschlager und spielt Millionen ein.

Indien produziert als weltweit größter Filmproduzent jährlich bis zu 1.000 Filme. Etwa ein Fünftel davon stammt aus Mumbai, dessen früherer Name Bombay und der Vergleich mit der amerikanischen Traumfabrik zur Wortkreation *Bollywood* anregte. In Indien werden diese Filme auch *»Masala Movies«* genannt. Wie die feurige Gewürzmischung *Masala* werden diverse Zutaten zu einer vielseitigen Gesamtkomposition vermengt. So ist der populäre Film Liebes- und Actionfilm, Tragödie und Komödie, Tanz- und Musikfilm zugleich – eine bunte Mischung verschiedener Genres.

Die Stars sind heiß geliebt, es wundert also nicht, dass ein Wechsel von der Leinwand in die Politik nicht selten vorkommt – ob als gut bezahltes Zugpferd für eine Partei oder direkt als Mandatsträger. Werden die Geldmittel der gefallenen Filmhelden knapp, gibt es ausreichend Verbindungen zur Unterwelt, die ihre Einnahmen aus Drogenschmuggel, Prostitution und Waffenschieberei durch Investitionen ins Filmbusiness reinwäscht. Da Produzenten und Regisseure

einem extremen Konkurrenzkampf ausgesetzt sind, bleibt ihnen häufig nichts anderes übrig, als »Unterstützung« aus kriminellen Kanälen anzunehmen. Es heißt, dass etwa die Hälfte der Investitionssummen aus Krediten der Unterwelt stammen. Dabei kommt es manchmal auch zu Interessenskonflikten, wenn die Drogenbosse auf die Auswahl der Stars und Regisseure Einfluss nehmen wollen. Während im Film singend und tanzend das Gute beschworen wird und die Zuschauer dabei ihre oft schwierigen Lebensumstände vergessen können, geht die harte Realität hinter den Kulissen der glitzernden Filmwelt weiter.

24 Brahmanen

An der Spitze der Gesellschaft

Avinash Sharma sitzt hinter einem Schreibtisch und versucht, Ordnung in die Ablage seines Import-Export-Geschäfts zu bringen. Er ist Brahmane, das ist aus seinem Nachnamen ersichtlich. Doch anders als alle seine Vorfahren ist er der erste, der den traditionellen Priesterberuf der Brahmanen aufgegeben hat.

Zu wenig Geld bringe der Priesterjob ein und außerdem gäbe es neuerdings sogar Priester aus niedrigeren Kasten, was vor nicht allzu langer Zeit noch undenkbar gewesen wäre.

Ganz oben im indischen Kastensystem stehen die Brahmanen, die traditionell Priester und Gelehrte waren und so die Gesellschaftsordnung fest im Griff hatten. Lange Zeit blieben Brahmanen unter sich. Sie waren die Priester der um 1500 v. Chr. eindringenden Arier und verstanden es ausgezeichnet, ihren sozialen und religiösen Status zu zementieren. Nur sie konnten wichtige Rituale ausüben, hatten religiöses Geheimwissen, Gelehrsamkeit und Machtpositionen inne.

Reinheit war und ist teilweise noch heute ein wichtiger Aspekt, um die gesellschaftliche Hierarchie zu begründen. Fiel früher auch nur der Schatten eines Unberührbaren, wie die *Dalits* (siehe Seite 270) genannt wurden, auf einen Brahmanen, musste er sich umfangreichen Reinigungsritualen unterziehen. Noch vor wenigen Jahrzehnten war es undenkbar, mit einem Unberührbaren zu speisen, etwas von ihm anzunehmen, aus dem gleichen Brunnen zu trinken. Weil manche Höherkastige auch heute noch keine von Niederkastigen zubereitete Speisen essen würden, sind Brahmanen oft Köche in besseren Restaurants.

Heutzutage sind zumindest in den Städten die Strukturen aufgeweicht, auch wenn die Brahmanen noch immer in der Mehrheit wichtige Positionen in Politik und Wirtschaft besetzen. Und wenn davon berichtet wird, dass ein Minister aus der Brahmanenkaste das Büro seines Vorgängers, einem *Dalit*, ausräuchern ließ, erntet er dafür von vielen Indern Kopfschütteln – von mindestens ebenso vielen aber Verständnis.

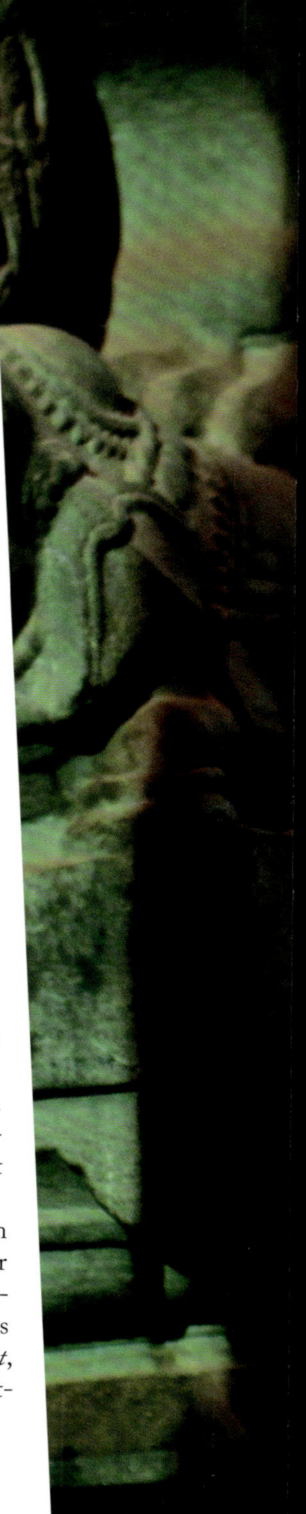

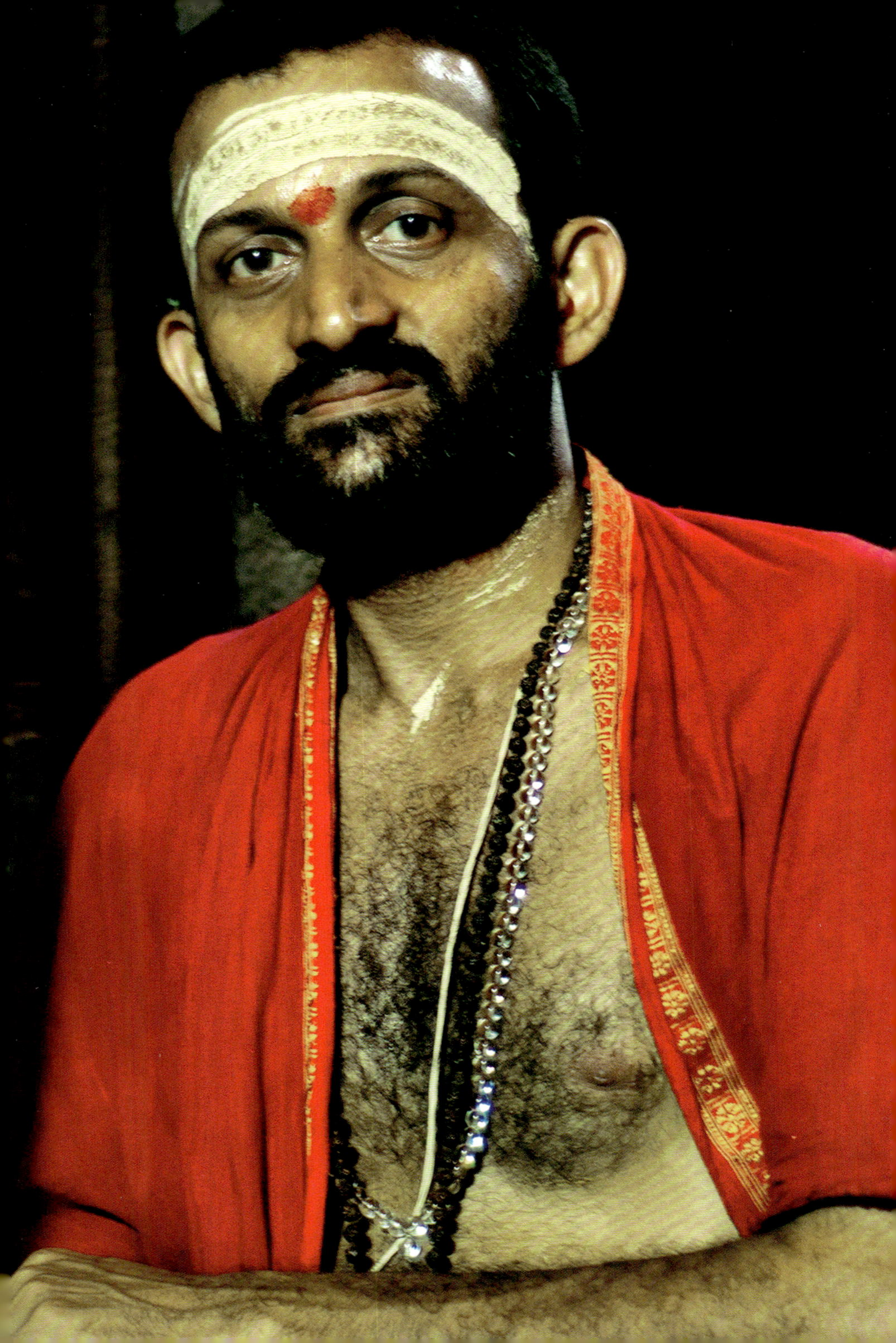

Buddhismus

Indische Geburt

Heute spielt der Buddhismus keine große Rolle mehr in Indien. Das war einmal anders, denn das Land ist die Geburtsstätte dieser Weltreligion.

In im heutigen Nepal gelegenen Lumbini wurde Siddhartha Gautama im 5. Jh. v. Chr. als Sohn eines reichen Herrschers geboren. Entgegen dem Gewohnten aus dem Elternhaus war Siddhartha der Ansicht, dass Luxus und Reichtum den Menschen kein Glück bringen können. Dieser Erkenntnis folgend verließ er mit 29 Jahren seine bequemen Lebensumstände und machte sich auf die spirituelle Suche. Sechs Jahre wanderte Gautama durch das Ganges-Tal und folgte den religiösen Anweisungen berühmter Lehrer. Doch Askese, Meditation und das Studium heiliger Schriften brachten ihn nicht zu seinem Ziel. Er gab die überlieferten Praktiken auf und suchte seinen eigenen Weg, den sogenannten »Mittleren Weg«, der die Extreme anderer Methoden mied. Vor allem übte er sich in Meditation. Als er im nordindischen Bodhgaya in tiefer Meditation saß, wurde er erleuchtet und dadurch zum Buddha, dem Erwachten.

Drei Jahrhunderte später war es der indische Kaiser Ashoka, der im Land zahlreiche buddhistische Denkmäler, *Stupas*, errichten und den Buddhismus weit über die indischen Grenzen hinweg verbreiten ließ. Erst im 9. Jh. n. Chr. verdrängte der Hinduismus allmählich den Buddhismus.

Obwohl Indien die Geburtsstätte dieser Weltreligion war, starb er dort zunächst weitgehend aus. Eine Wiederbelebung gab es erst wieder in den 50er Jahren des 20. Jahrhunderts. Das hinduistische Kastensystem grenzte die sogenannten Unberührbaren aus und diskriminierte sie auf das Äußerste. Als Indien 1947 unabhängig wurde, bekamen die Unberührbaren endlich ein Sprachrohr. Dr. Bhimrao Ambedkar, selbst ein Unberührbarer, arbeitete sich zum Topjuristen hoch und kämpfte für die Rechte seiner kastenlosen Landsleute. Als er den Hinduismus als des Übels Wurzel ausmachte, konvertierte er zum Buddhismus. Hunderttausende folgten ihm. Heute sind von 1,2 Milliarden Indern etwa 11 Millionen Buddhisten.

26 Buden

Business am Straßenrand

Ein paar Bretter, ein Kerosinkocher, Kessel und Tee, Milch und Zucker, ein paar Gläser dazu, fertig ist der Teeshop, der für sechs Rupien (etwa 10 Cent) ein Glas mit dampfendem, süßem Tee füllt. Weil die Mieten viel zu teuer sind und die Inder einfallsreich, wird ein Großteil des *Business* am Straßenrand gemacht.

Manchmal direkt auf dem Boden, wie die Schuster, manchmal an einem Stand, wie die Tee- oder Snackverkäufer. Sie haben einen großen Anteil daran, dass das Leben in Indien draußen stattfindet. Uhren, Klamotten, Schuhe, Schmuck, Gewürze, Obst und sogar einen Blick in die Zukunft kann man auf der Straße erstehen.

Bis in den späten Abend hinein stehen die autodidaktischen Köche hinter fauchenden Gaskochern und brutzeln in rußgeschwärzten Pfannen Essen für hungrige Mägen. Erst wenn der letzte Kunde im Dunkel verschwunden ist, wird der Gashahn abgedreht. Zu Ende ist der lange Arbeitstag aber erst, wenn die schwarzen Pfannen sauber geschrubbt sind. Ist der Heimweg weit, bleibt nur sehr wenig Zeit für Familie und Freunde, denn nach ein paar Stunden Schlaf beginnt wieder ein neuer Arbeitstag – sieben Mal in der Woche.

27 Chai

Chai, Chai, Chai ...

An *Chai* kommt in Indien keiner vorbei. Und an Sachin auch nicht. Seit 30 Jahren bereitet er täglich um die 10 Liter *Chai* zu, wie zuvor sein Vater und Großvater. Schon morgens um sieben steht er am Teekessel, auf die ersten Kunden braucht er nicht lange zu warten. Sein Tee ist ausgezeichnet, und bis zum späten Abend verkauft er das süße Getränk für fünf Rupien in kleinen Teegläsern an seinem zusammengezimmerten Stand.

Das Besondere am *Chai* ist, dass Wasser, Tee, Milch und Zucker zusammen aufgekocht werden. Nach Belieben des Teekochs kommen noch wahlweise Ingwer, Kardamom oder Zimt hinzu. Dann wird der *Chai* zum mit Gewürzen verfeinerten *Masala Chai*. Und das macht aus einem gewöhnlichen Milchtee ein geschmackliches Highlight.

Der *Chai* kann zweifellos als Nationalgetränk Indiens bezeichnet werden. Das Fauchen der Gaskocher und das Brodeln des Teegemischs gehören zur Soundkulisse Indiens einfach dazu, genauso wie die anpreisenden »*Chai, Chai, Chai*«-Rufe der Händler an Bahnhöfen und in Zügen.

CHAKRA
GOLD

Chapati

Chapati, Puri, Papadam & Co

Chapatis sind dünne, weiche Fladenbrote, die vor allem in Nordindien zu jeder Mahlzeit dazugehören. Zu einer fein gemahlenen Mehlmischung aus Gerste, Weizen und Hirse werden etwas Wasser, ein wenig Öl und Salz hinzugefügt.

Von dem elastisch gekneteten Teig formt man etwa vier Zentimeter große Kugeln, die ausgerollt je einen Fladen ergeben. Gebacken werden die *Chapatis* auf einer heißen Eisenplatte, auf offenem Feuer oder in einer Pfanne. Warm serviert gehören sie zu fast jedem Gericht.

Gibt man zum Ausbacken des *Chapati*-Teigs Öl in die Pfanne, bläht sich das Teiggebilde ballonartig auf und es entsteht ein nahrhafter *Puri*, der wieder in sich zusammenfällt, wenn man ihn ansticht.

Das *Naan*-Brot klebt man an die Seiten des *Tandoori*-Ofens und backt es über offener Glut. Im Gegensatz zu den anderen Brotsorten besteht ein *Naan* aus einem gesäuerten Teig, dem Hefe hinzugefügt wird.

Ein *Papadam* ist ein dünner, frittierter Fladen aus Linsenmehl. Gewürze wie Kreuzkümmel, Chili oder Knoblauch geben dem knusprigen Brot seinen würzigen Geschmack.

Je nach Region gibt es zahlreiche weitere Brotvarianten (z. B. *Luchi*, *Puran Poli*, *Appam*, *Bhatura*, *Dosa*, *Phulka* und *Kulcha*). Guten Appetit!

Chili

Scharf, schärfer, am schärfsten

Indisches Essen kann einem die Tränen in die Augen treiben. Nicht, weil das Essen so schlecht schmeckt, sondern weil es höllisch scharf sein kann. Ausschlaggebend sind dabei auch regionale Unterschiede, in Südindien werden viel mehr grüne und rote Chilis in die Speisen gerührt als im Norden.

Indien hält einige Superlative bereit, unter anderem gibt es hier die schärfste Chilischote der Welt. Die Sorte Bhut Jolokia hält seit 2006 den Eintrag im Guinness-Buch der Rekorde. Ihr Schärfegrad liegt bei über einer Million Scoville Einheiten, der Maßeinheit für Schärfe. Herkömmlicher Tabasco hat im Vergleich läppische 3.000 Scoville Einheiten, und die berühmten Jalapeño-Schoten kommen auf gerade einmal 8.000.

Der Weltrekordtitel steigerte die Nachfrage an der scharfen Pflanze immens. Ein Segen für die armen Bauern aus Nordostindien, denn dort wächst die schärfste Schote der Welt. Übersetzt heißt Bhut Jolokia »Geisterchili«. Wahrscheinlich, weil man mit ihrer Schärfe selbst Geister vertreiben könnte. Um ganz andere unliebsame Gesellen schachmatt zu setzen, nutzt nun die indische Armee die Queen der Chilis. Das Chilipulver füllt Granaten und soll als Tränengasersatz Terroristen aus ihren Verstecken treiben.

30 Cricket

It`s all about cricket

Fußball? Was bitte ist Fußball? Es ist *Cricket*, das die indischen Herzen bewegt. Die Begeisterung für den Sport aus England geht durch alle Schichten und Altersstufen. Als das Gastgeberland Indien bei der Cricket-WM 2011 im Halbfinale den Erzfeind Pakistan besiegte, sorgte das für enormen Jubel. Bei dem Finalsieg gegen Sri Lanka versank das ganze Land im Freudentaumel.

Cricket spielen alle und überall. In den Parks staubt der Boden beim *Run* nach dem Ball und in den Gassen saust der Ball auch mal gefährlich nah am Kopf der Passanten vorbei. Die Straßenjungs schwingen Holzprügel, die aus besseren Verhältnissen richtige Cricketschläger. Fehlt der Ball, übt man zur Not mit einer vertrockneten Kokosnuss.

Das Spiel dreht sich darum, dass der Werfer versucht, den Schläger auszutricksen, sodass dieser den Ball verfehlt und ausscheiden muss. Trifft er den Ball, versuchen die anderen Spieler auf dem Feld, diesen so schnell wie möglich zum Werfer zurückzubringen. Währenddessen fiebert die Mannschaft des Schlägers am Spielfeldrand mit und wartet auf ihren Einsatz. Ist ein *Match* zu Ende, ist das Gewinnerteam stolz wie Bolle und feiert den Sieg mit angemessenem Jubel – ganz wie beim Fußball.

31 Curry

Curry, Curry Masala und Currywurst

Jeder indische Gewürzhändler wird sie fragend anschauen, wenn sie ihn nach Curry fragen. In den meisten indischen Sprachen versteht man unter Curry ein Hauptgericht mit sämiger Sauce, das es in diversen Variationen gibt: vegetarisch, mit Fleisch oder Fisch.

Die in indischen Currygerichten enthaltenen Gewürze, die als *Curry Masala* bezeichnet werden, variieren regional. Typische Gewürze sind: Kreuzkümmel, Kurkuma, Koriandersamen, Bockshornklee, Garam Masala, Muskatnuss und deren Blüte, Sternanis, Zimt, Nelken, Senfkörner, Kardamom, Ingwerpulver, Fenchelsamen, Pfeffer und Chili. Damit das Aroma erhalten bleibt, werden meist ganze Samen und Kapseln aufbewahrt und erst bei der Zubereitung der Speisen in einem Mörser zerrieben.

Ein Currypulver als solches sucht man in Indien vergebens, da die Gewürzmischung von jedem Koch und jeder Hausfrau individuell zusammengestellt und von ihnen wie ein Geheimnis gehütet wird. Mit dem gelben Pulver, das in deutschen Imbissen gerne über die Wurst gestreut wird, haben diese ausgefeilten Mischungen nichts gemein.

Das bei uns bekannte Currypulver geht auf die britischen Kolonialherren zurück. Die unzähligen Varianten der *Curry Masalas* überforderten die Briten. Deshalb ließen sie sich eine Mischung zusammenstellen, die dem europäischen Geschmack entsprach und die für die Verbreitung der Currygerichte in Europa sorgte oder auch zur Kreation neuer Gerichte, wie der Currywurst, anregte.

32 Dabbawallahs
Mumbais Henkelmänner

Bereits im Morgengrauen machen sie sich auf den Weg. In ihren weißen Hosen, Jacken und Schiffchenmützen fallen sie auf, die 5.000 *Dabbawallahs*, die täglich 200.000 Mahlzeiten ausliefern.

Currys, Chutneys, Chapatis – von den Gattinnen jeden Morgen zubereitet, in mehrteilige Henkelmänner, die *Dabbas*, gefüllt, werden sie mit dem traditionellen Lieferservice zu den Arbeitsplätzen ihrer Männer transportiert. Jeder *Dabbawallah* sammelt Dutzende silberner Metallbüchsen ein und eilt zu einem Treffpunkt, wo schon die Kollegen warten. Die Büchsen werden getauscht, in Kästen geschichtet und mit Karren, Fahrrädern, der Bahn oder per pedes durch Mumbai transportiert. Drei oder vier Stationen durchläuft eine Essensration mit einem jeweils anderen Lieferanten. Bis zu 70 Kilometer legt so manches Mittagessen dabei zurück.

Ein logistisches Wunder, besonders, weil die meisten *Dabbawallahs* Analphabeten sind. Doch da die Essensbehälter mit Codes aus Zahlen, Buchstaben und Farben versehen sind, die die Transportwege beschreiben, funktioniert der Service. Noch wundersamer ist in einer brodelnden, überfüllten Metropole wie Mumbai eine derartige Zuverlässigkeit der Lieferungen. Trotz alltäglichem Chaos, diverser Sammelstellen und Lieferantenhände erreicht das Essen mittags pünktlich auf die Minute den Empfänger – und der leere Behälter nachmittags wieder den Herd der Köchin.

1998 hat das renommierte Wirtschaftsmagazin *Forbes Global Magazine* den *Dabbawallahs* eine *Six Sigma*-Bewertung verliehen, da die Fehlerquote der flinken Logistiker unter 0,0000001 % liegt. Das bedeutet, dass nur einer von 16 Millionen Henkelmännern entweder verloren geht oder falsch ausgeliefert wird. Somit dürften die in Kooperativen organisierten *Dabbawallahs* in Mumbai mit ihrem einzigartigen System die weltweit besten Logistiker sein.

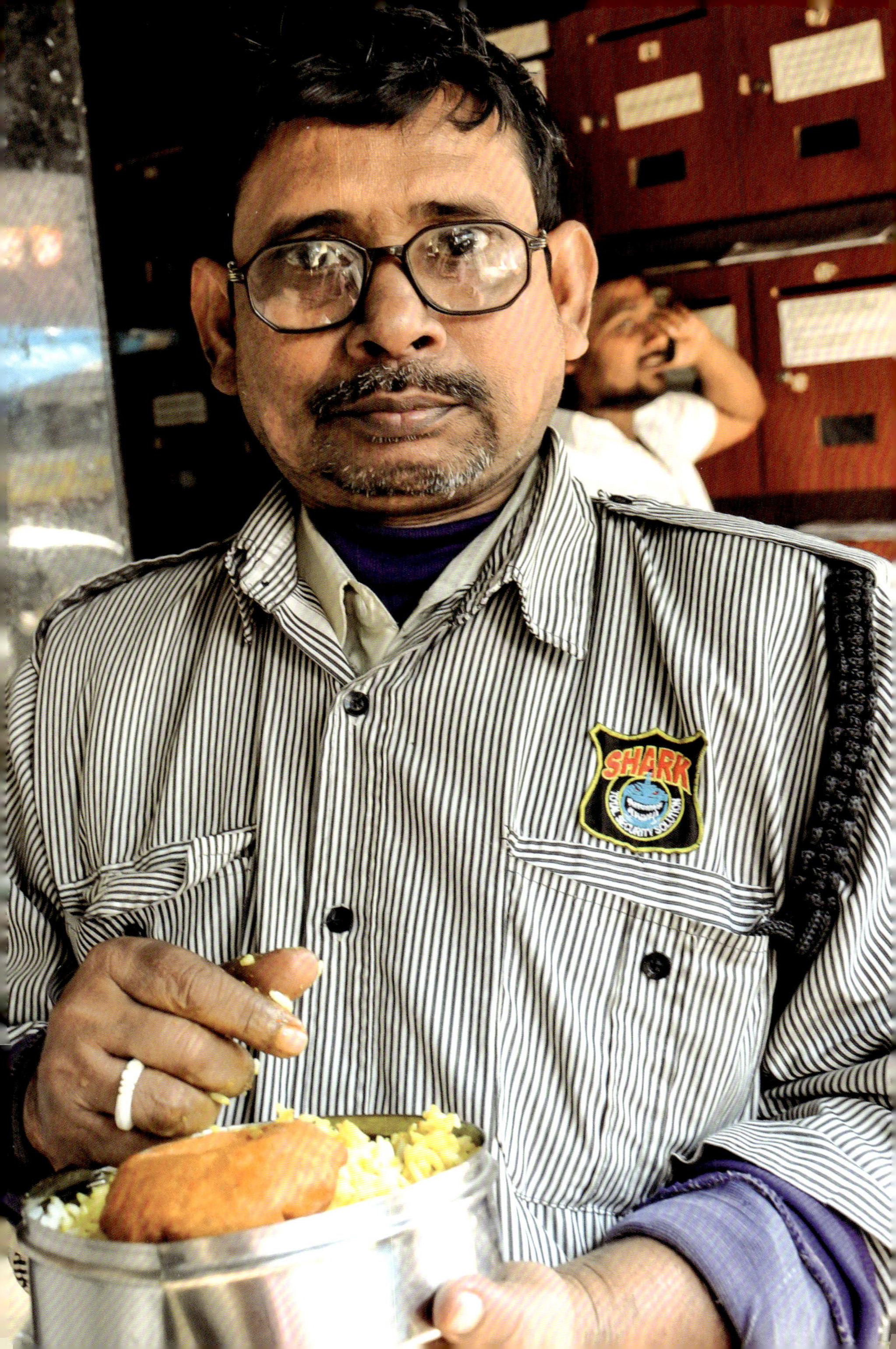
SHARK

Darjeeling

Tea time in Darjeeling

Hier oben, auf 2.185 Metern Höhe, ist es auch im Hochsommer noch angenehm frisch. Dasselbe müssen sich die britischen Kolonialherren fernab der englischen Kühle gedacht haben, als sie 1835 vom Fürsten von Sikkim den Ort Darjeeling pachteten und ihn fortan zur *»Hill Station«*, also zum Luftkurort für die hitzegeplagten Kolonialbeamten und Offiziere ausbauten. Ein Glockenturm, Kirchen, wie sie in jedem englischen Dorf stehen könnten, und Hotels in Kolonialarchitektur sind stumme Zeitzeugen dieser Epoche.

Die Engländer forcierten den Teeanbau in Darjeeling und machten den Ort zum bekanntesten Anbaugebiet Westbengalens. Noch heute gehört der Darjeeling-Tee zu den teuersten Schwarztees. Allerdings ist nicht überall Darjeeling-Tee drin, wo Darjeeling-Tee draufsteht. Schätzungen zufolge werden jährlich 30.000 Tonnen dieses Tees verkauft, aber nur rund 10.000 Tonnen produziert, der größte Anteil davon sogar außerhalb Indiens. Um dem entgegenzusteuern, versucht das *Tea Board of India*, ein Teil des Handelsministeriums, den Namen »Darjeeling« bei der EU als eine geschützte geographische Angabe eintragen zu lassen, wogegen der deutsche Teeverband Einspruch erhebt. Setzt sich der indische Antrag durch, würden Mischungen mit anderen Teesorten untersagt, doch genau diese Mischungen werden weltweit am liebsten getrunken und nach länderspezifischen Vorlieben der Teetrinker zusammengestellt. Der deutsche Teeverband ist sich sicher, dass die Nachfrage an Darjeeling einbrechen würde, da der Anteil von sogenanntem Gartentee, das sind ungemischte Tees, die aus einer Plantage stammen und unter Angabe ihrer Herkunft gehandelt werden, gerade einmal bei 0,5 % liegt.

Am besten genießt man eine Tasse aromatischen Darjeelings in Darjeeling selbst. Dann kann man sich der Echtheit sicher sein und dazu noch den Blick auf die Bergspitzen des Himalayas auf sich wirken lassen.

31 Delhi

Hauptstadt, Megacity und Provinz in einem

Beim Alter der Stadt herrscht Uneinigkeit. Laut dem indischen Epos *Mahabharata* wurde sie als Indraprastha vor mehr als 3.000 Jahren gebaut. Archäologen vermuten hingegen, die Gegend sei erst seit etwa 2.500 Jahren besiedelt. Auf jeden Fall hat Delhi einige Jahre auf dem Buckel, und die verschiedenen Herrscher haben über die Jahrhunderte hinweg ihre Spuren hinterlassen.

Old Delhi war einst Hauptstadt des islamischen Indiens, wovon mittelalterliche Forts und gigantische Moscheen zeugen. Die Briten bauten New Delhi mit weitläufigen Chausseen und viktorianischen Prachtbauten als Verwaltungszentrum des britischen Empires. Heute, am Anfang des 21. Jahrhunderts, sprießen Shopping Malls aus dem Boden, die als Elemente der Moderne das Stadtbild prägen. Verbunden sind diese Zeitzeugen durch das System der Metro, deren Linien seit 2002 auf fast 190 Kilometern Länge wie Adern die Stadt durchqueren und die knapp 11 Millionen Einwohner bewegen.

Als 1192 der letzte Hindu-König fiel, begann die Mogul-Ära, die bis zur Eroberung der Briten 1803 andauerte. Ihren britischen Hauptsitz in Kalkutta, dem heutigen Kolkata, verlegten sie 1911 nach Delhi. New Delhi wurde von englischen Architekten als Reißbrettstadt entworfen und 1931 zum Sitz der Kolonialregierung. Auch nach der Unabhängigkeit und Teilung Indiens 1947 blieb die Regierung in New Delhi. Mit der Selbstverwaltung gedieh zwar die Wirtschaft, doch stehen dieser Entwicklung heute Umweltverschmutzung, Verkehrschaos, Überbevölkerung und eine noch stärker auseinanderklaffende Schere zwischen Arm und Reich entgegen.

POLICE

Dhobis
Indiens weiße Riesen

Schon kurz nach Sonnenaufgang stehen sie knietief im Wasser und schlagen alles windelweich, was ihnen zwischen die Finger kommt – die *Dhobis*. So nennen sich die Wäscher, die stundenlang Kleider und Tücher auf Steine schlagen. Bei jeder Witterung stehen sie im Fluss und waschen unzählige Kleidungsstücke. Das geht auf die Gelenke.

Dass die Wäscher Knochenarbeit leisten, sieht man spätestens, wenn die Wäsche zum Trocknen auf dem Boden liegt und auf Leinen hängt. Es scheint eines dieser merkwürdigen Geheimnisse Indiens zu sein, wie in schwarzem Wasser gewaschene Wäsche wieder weiß werden kann. Doch die harte Arbeit wird nicht honoriert – da der Umgang mit der schmutzigen Wäsche als unrein gilt, gehören die *Dhobis* zu den untersten Kasten.

Mit der zunehmenden Kaufkraft der Mittelschicht steigt der Absatz von Waschmaschinen. Diese elektrischen Geräte sind der Alptraum der Wäscher, doch noch gibt es ausreichend Arbeit für alle. Solange die Technisierung des Alltaglebens in Indien nicht überhandnimmt, sieht man sie in Reih und Glied am Fluss stehen, Morgen für Morgen, mit riesigen Wäschebergen. Reinheit ist ein essentielles Element in Indien – rituell, religiös, alltäglich. Saubere Kleidung ist deshalb für alle äußerst wichtig, ob Bettler oder Millionär.

Die meisten großen Städte liegen an einem Fluss, dem Arbeitsplatz der *Dhobis*. Anders Mumbai. Aus Ermangelung eines Flusses entstand ein riesiges Viertel, in dem etwa 10.000 Wäscher an gemauerten Steinbecken täglich eine Million Kleidungsstücke waschen. Die Stadt gibt für das Wäscher-Viertel, dem *Dhobi Ghat*, offiziell nur eine Stunde am Tag die Wasserzufuhr frei, die restlichen 23 Stunden fließt das Wasser durch illegale Leitungen weiter.

30 Diwali
Tage des Lichts, der Hoffnung und der Freude

»*Happy Diwali*« – so klingt es während des Lichterfestes *Diwali* vom Himalaya bis zur Südküste, von West- bis nach Ostindien. Am 15. Tag im Hindu-Monat *Kartik* (Oktober/November) beginnt das Fest an Neumond und dauert zwischen einem und fünf Tagen.

Je nach Region werden verschiedene Legenden in den Vordergrund gestellt. Während der Norden den Sieg Ramas über den Dämonen Ravana und seine Rückkehr aus dem 14-jährigen Exil nach Ayodhya gedenkt, wird im Süden auf Krishna und seinen Sieg über den Dämonen Narakasur Bezug genommen. Eines ist allerdings trotz der regionalen Unterschiede und Besonderheiten gleich – *Diwali* ist eines der spektakulärsten Feste Indiens, eine strahlende Feier zum Sieg des Guten über das Böse, des Lichtes über die Dunkelheit.

Kommt die Nacht über das Land, erleuchten Dörfer und Städte in hellem Glanz. Fenster und Eingänge der Wohnhäuser und Geschäfte, sogar Dächer, Bäume und Straßen werden vom Schein kleiner Öllampen, Kerzen und zunehmend elektrischer Lichterketten illuminiert. Sie sollen den Verstorbenen den Weg zur Erlösung weisen.

Am ersten Tag wird das Haus geschmückt und neue Kleidung getragen. Am zweiten besucht man tagsüber Verwandte und Freunde und beschenkt sich gegenseitig mit Süßigkeiten, während es abends laut und bunt wird. Feuerwerk explodiert am Himmel und Knallfrösche auf den Straßen. Der dritte Tag steht ganz im Zeichen von Lakshmi, der Göttin des Wohlstands. Geschäftsleute bringen ihre Läden in Schuss und legen neue Geschäftsbücher an – in der Hoffnung, dass Lakshmi über den festlich geschmückten und erleuchteten Weg in die Privathäuser und Läden findet und für Erfolg im kommenden Jahr sorgt. Der vierte Tag gilt als erster Tag des neuen Jahres, während an Tag fünf die Schwestern ihre Brüder segnen und sich die Geschwister versprechen, sich gegenseitig zu beschützen.

37

Draußen …

… ist drinnen

Auf den Straßen geht es quirlig zu. Menschen strömen durch die Straßen, Hupkonzerte von Motorrädern und Rikschas mischen sich mit dem Geplauder der Passanten. Obdachlose liegen in Decken eingehüllt auf dem Boden. Händler, die Tee, Snacks, Shirts oder Uhren anbieten, buhlen um die Kundschaft. Hunde streunen herum, Kühe glotzen in die Gegend und verstopfen Wege. Zwischen zwei Ständen zapft eine Frau an einem Hydranten Wasser ab, andere waschen Körper, Haare, Kleidung, Geschirr.

Ein Großteil des Alltags findet draußen statt. Je nach Schicht und häuslichen Möglichkeiten erledigt man alles, von der Morgentoilette über das Kochen bis hin zur Notdurft, außer Haus. Distanz zum Nachbarn gibt es hier nicht. Man lebt gemeinsam, teilt Sorgen und Freude, den neuesten Klatsch und Tratsch. In den modernen Wohnblocks und reichen Vierteln mag es nach westlicher Manier anonymer ablaufen – abgesehen von diesen Stadtquartieren ist es aber immerzu laut und bunt auf den Straßen des Landes.

UP.65
AH 2850

Elefanten
Dickhäuter in Indien

Plötzlich knallt und kracht es. Feuerwerk spritzt in den Nachthimmel, von frenetischer Trommelei begleitet. Ein dunkelgrauer Gigant wälzt sich gemächlich durch den Verkehr, seine flapsigen Ohren sind scheinbar taub gegen den ihn umtosenden Lärm. Auf seinem Rücken sitzt hinter dem Elefantenführer, dem *Mahout*, ein Bräutigam auf dem Weg zu seiner Braut.

Die grauen Verwandten des Dickhäuters im Dschungel leben zwar in Freiheit, sind aber wegen ihrer wertvollen Stoßzähne in permanenter Lebensgefahr. Höchstens 25.000 wilde Elefanten sind noch in der indischen Wildnis unterwegs. Da der indische Elefant leicht zu zähmen ist, sind ein paar Tausend zum Schuften verdammt. Um die 40.000 Muskelstränge sind im Rüssel verflochten. Damit können sie bis zu 250 Kilogramm schwere Baumstämme schleppen.

Stressärmer ist das Leben der Tempelelefanten. Als heilige Dickhäuter stehen sie sinnbildlich für den Elefantengott Ganesh. Die Elefanten des Tempels Guruvayur in Kerala haben es besonders gut. Jedes Jahr dürfen sie vier Wochen in den Wellness-Urlaub, mit Massagen, guter Kost und erfrischenden Bädern. So auf Vordermann gebracht, können sie gestärkt *Onam*, das bedeutendste Fest der Keraliten zum Erntedank, mit Hunderttausenden Gläubigen überstehen.

HOTEL
CHADDHA
Gift Emporium
EMPORIUM

39 Elefantengott

Glückbringender Ganesh

Pradeep hat den Tag lange herbeigesehnt und hart dafür gearbeitet. Endlich steht sie vor ihm, sein ganzer Stolz und die Hoffnung auf eine gesicherte Zukunft – seine glänzende, schwarz-gelbe Rikscha.

Doch bevor Pradeep seine erste Tour startet, will er Ganesh, dem Elefantengott, huldigen. Er hängt Blumengirlanden um den Hals einer Elefantenstatue, legt einige Süßigkeiten vor den Rüssel und betet. Ganesh hat ihm Glück gebracht und soll auch weiterhin für gutes Gelingen sorgen.

Nicht Pradeep, sondern allen Hindus gilt Ganesh als glückbringender Gott und wird deshalb bei wichtigen Unternehmungen um Beistand gebeten, ganz egal, ob bei der Einweihung eines Bankautomaten, einer Hochzeit oder einer Ladeneröffnung. So verwundert es nicht, dass er einer der beliebtesten Götter im hinduistischen Pantheon ist.

Um seine Entstehung ranken sich verschiedene Legenden. Eine beliebte Geschichte berichtet: Parvati (hinduistische Göttin, Gattin des Shiva) formte Ganesh beim Bad aus Lehm und trug ihrem frischgeformten Sohn auf, vor der Tür Wache zu halten. Als ihr Gatte Shiva um Einlass bat, wurde ihm dieser vehement verwehrt. Außer sich vor Wut schlug Shiva den Kopf Ganeshs ab. Die verzweifelte Parvati flehte Shiva an, ihren Sohn wiederzubeleben. Shiva folgte dem Flehen und köpfte das erste Wesen, das vorbeikam – einen Elefanten. Er setzte dem kopflosen Sohn den abgeschlagenen Elefantenkopf auf, den Ganesh seitdem trägt.

Die vier Arme, mit denen er am häufigsten dargestellt wird, stehen einer Auslegung zufolge für die Aspekte des feinstofflichen Körpers: Egoismus, Bewusstheit, Intellekt und Geist. In einer Hand hält er eine Axt, als Zeichen für den Schutz vor dem Bösen sowie als Symbol für die Trennung von menschlichen Begierden. Das Seil in der zweiten Hand versinnbildlicht die Unterstützung bei der spirituellen Suche. Eine Schale mit Süßigkeiten in der dritten Hand belohnt den spirituellen Menschen, während die Lotusblume in der vierten Hand die Erlangung des höchsten Zieles symbolisiert, der Erleuchtung.

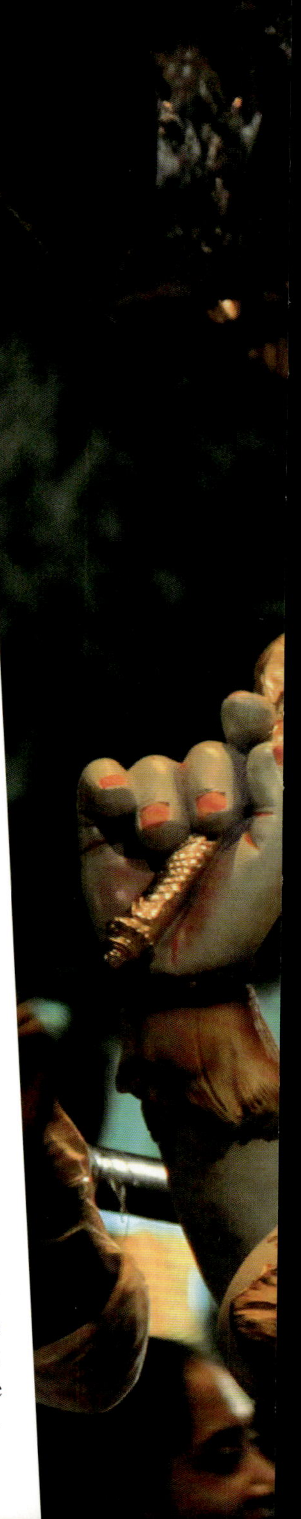

Enge
Randvolle Städte

Wer glaubt, kurz vor Weihnachten seien europäische Einkaufsstraßen überfüllt, der wird in Indiens Gassen, Straßen und Basaren eines Besseren belehrt. Hier wird Enge plastisch, physisch gespürt und unausweichlich.

Körper drücken sich aneinander vorbei, Waren werden auf dem Kopf transportiert oder auf voll beladenen Karren durch die Gassen geschoben. Dazu quälen sich hupende Motorräder, Fahrrad- und Auto-Rikschas durch das Gedränge. Steht dann plötzlich eine Kuh im Weg, kommt der ohnehin zähe Bewegungsfluss zum Stillstand und Menschenpfropfen verstopfen Durchgänge.

War es vorher eng, wird es jetzt erdrückend. Der Menschenhaufen verharrt einen Moment, als hätte jemand die Welt angehalten, bis die Kuh sich selbst regt oder einfach zur Seite geschoben wird. Dann löst sich der Knoten langsam, quetscht sich an der Kuh vorbei und der Fluss beginnt erneut.

In den Städten zeigt sich Indiens Überbevölkerung ganz deutlich. Die höchste Bevölkerungsdichte gibt es im nordöstlichen Stadtteil von Delhi. Hier kommen auf einen Quadratkilometer 37.346 Menschen. In München, immerhin Deutschlands am dichtesten besiedelte Großstadt, sind es dagegen nur 4.282.

Es gibt 34 Städte mit mehr als einer Million Einwohnern auf dem Subkontinent. Städte mit großen Slums, mit Wohnraumknappheit, Wassermangel und fehlenden Arbeitsplätzen. Städte, die übervoll, randvoll sind und trotzdem täglich Heerscharen von Landflüchtlingen mit einer Hoffnung auf ein besseres Leben verkraften. Kann eine Stadt kollabieren? Indien gibt einem das Gefühl, es könnte jeden Moment so weit sein.

BRANCH
NATRAJ
INDIAN AND NORTH
SITTING ARRANGEMENT
UP - STAIRAS

41 Familie

»We are familiy ...«

Das westliche Credo vom individuell gestalteten Leben gibt es in Indien der Tradition nach nicht. Undenkbar, sich den Wünschen der Eltern zu widersetzen und persönliche Wünsche über die der Familie zu stellen. Die kleinste soziale Einheit ist in Indien eben nicht das Individuum, sondern die Familie.

Vor allem auf dem Land lebt man in einer Großfamilie – Großeltern, Eltern, Geschwister, Onkel, Tanten und eventuell noch entferntere Verwandte, die ein Dach über dem Kopf brauchen. Dass man sich hilft und unterstützt, ist selbstverständlich, wenn man gleichen Blutes ist. Die Familie gibt Schutz und Geborgenheit, dafür zollt man den Älteren höchsten Respekt. An der Spitze steht das älteste männliche Familienmitglied. Ganz unten in der Hierarchie stehen die angeheirateten Frauen, die ihre Stammfamilie verlassen mussten und zur Familie des Mannes zogen. Nicht selten kommt es zu Differenzen zwischen der Schwiegermutter und der angeheirateten Frau, die schikaniert und tyrannisiert wird. Dass sich der Sohn auf die Seite seiner Frau stellt, die ohnehin bis zur Geburt eines Sohnes nicht unbedingt das beste Ansehen genießt, ist nicht sehr wahrscheinlich.

Das Funktionieren der Großfamilie liegt hauptsächlich in absolutem Gehorsam und der Akzeptanz der Hierarchie begründet. Mit der Entstehung einer kaufkräftigen Mittelschicht, die in den Städten lebt, ist ein Leben abseits der Großfamilie möglich geworden und Kleinfamilien sind dort keine Seltenheit mehr. Es ist zu erwarten, dass eine Individualisierung, wie im Westen üblich, langsam zunimmt. Ob dies als positive Entwicklung zu werten ist, kann zumindest zweischneidig gesehen werden. Einerseits drängt die Verwestlichung und Individualisierung den, allein schon aus ökonomischer Sicht, wichtigen und wertvollen Zusammenhalt der Familie ins Abseits, andererseits löst es veraltete und falsche Bilder, vor allem hinsichtlich der Rolle der Frauen, langsam ab.

42

Fassadenwerbung

Beständige Reklame

Gigantische Werbebanner, Transparente und Plakate prangen in Städten neben den Straßen, auf Plätzen und von Wohnhäusern. Juwelen, Luxusappartements, Autos. Produkte für die Reichen. Produkte, die für Europäer nichts Neues sind. Bei zwei Dritteln in Armut lebender Bevölkerung scheinen sie in Indien allerdings absurd.

Eine ursprüngliche und weitverbreitete Form von Reklame sind Wandmalereien auf Hauswänden. Sie sind haltbarer als Papierplakate und überstehen sogar den Monsun. Es gibt kaum ein Produkt, für das nicht auf indischen Häusern geworben wird. Ob Coca Cola, Sandalen, Zement, Shampoo, Kondome oder Abflussfrei – in bunten Farben werden die Produkte von fachkundigen Werbemalern auf die Außenwände gemalt. Die Hausbesitzer kriegen dafür einen kleinen finanziellen Ausgleich.

Feste

India alive!

Gefeiert wird in Indien gerne und viel. Klaustrophobisch sollte man nicht sein, will man bei einem dieser lauten und farbenprächtigen Feste mitfeiern oder als Zaungast dabei sein. Ausgelassen und fröhlich, auch ekstatisch und archaisch kann es werden, je nachdem, wo und was gefeiert wird. Oft mit lauter Trommelmusik und ausgelassenem Tanz, Feuerwerk und Knallerei.

Es gibt Feste, bei denen geschmückte Elefanten mit Männern um die Wette an einem Tau ziehen oder Kühe auf den Straßen gelb angemalt werden – zu *Pongal*, dem tamilischen Erntedankfest. Es gibt Feiern in der Wüste mit Kamelrennen und romantischer Szenerie in den Dünen unterm Sternenzelt – oder das tibetische Neujahrsfest im indischen Himalaya – oder Feste, bei denen bunte Götterstatuen stundenlang durch die Straßen getragen und danach manchmal im Wasser versenkt werden – man könnte endlos weitermachen, die Varianten der Feste sind vielfältig und unerschöpflich.

Das größte Fest für die Anhänger Shivas ist *Shivaratri*, und es startet in einem Shiva-Tempel. Dort wird gebetet und geopfert – und danach erst einmal ordentlich gefeiert, natürlich. In manchen Städten gibt es bunte Umzüge und vor allem *Bhang Lassi*, ein Milchgetränk mit Marihuana, welches zu Ehren Shivas Erwachsene und auch die Kinder trinken.

Wer sich solch ein Spektakel nicht entgehen lassen will, ist gut beraten sich zu überlegen, bei welchem Fest er dabei sein möchte. Nicht in jeder Region wird jedes Fest begangen, und überregionale Feste können sich in ihrer Intensität sehr unterscheiden. Da sich die Festtage meist nach dem Mondkalender richten, gibt es kein festes Datum. Es gilt also meist die Devise: auf den Zufall hoffen, reinstürzen und staunen!

Feuer

Agni, der Feuergott

Außer an Ostern, in Ferienlagern und bei ausgelassenen Grillgelagen ist in Europa das Feuer aus dem öffentlichen Leben weitestgehend verschwunden. Nicht so in Indien. Abgesehen davon, dass noch häufig auf offenen Feuern gekocht oder Müll am Straßenrand verbrannt wird, spielt es im religiösen Alltag eine große Rolle.

Agni, der Feuergott, wird bereits in den Veden (religiöse Texte des Hinduismus) erwähnt. Im Gegensatz zu den anderen vedischen Göttern, hat er ein enges Verhältnis zu den Menschen und dient als Mittler zwischen ihnen und den Göttern. Agni überbringt die Wünsche und Opfergaben an die Götter und gilt als Behüter der Menschen, der ihnen Licht in der Dunkelheit bringt und sie nach ihrem Tod von ihren Sünden reinigt. Bei den hinduistischen Sakramenten ist Agni als Feuerform des Göttlichen immer anwesend. So wird beim Verbrennungsritual der Gott Agni angerufen und gebeten, die Seele des Menschen fortzubringen. Auch bei der Hochzeit umschreitet das Paar sieben Mal ein rituelles Feuer, um die Ehe zu schließen.

Obwohl der Gott Agni in nachvedischer Zeit an Bedeutung verloren hat, wird er noch heute in der Homa-Zeremonie verehrt. Ein Priester zündet dabei Feuerholz an und gibt unter Gebeten flüssiges *Ghee* (Butterschmalz), Blätter, Blüten und Samen dazu. Bei Einweihungen von Wohnräumen etwa wird das Feuer dann durch die Zimmer getragen, um sie zu segnen.

Im Tempel und vor dem heimischen Altar werden im Lichtzeremoniell des Arati Feuerkelche vor den zu verehrenden Göttern und Gurus geschwenkt. Dabei werden Mantras gesungen, die verschiedene Aspekte des Göttlichen hervorheben. Danach streichen sich die Gläubigen das Licht des Feuers über den Kopf – als Zeichen des Schutzes und der Segnung.

45

Fischerei

Leere im Meer und in den Taschen der Fischer

Die Sonne steigt wie ein orangefarbener Ball über dem Meer auf und taucht die mit Kokospalmen gesäumte Bucht in ein goldenes Licht. Für die wenigen Urlauber, die so früh schon auf den Beinen sind und am Strand entlang flanieren, ist es ein wunderbarer Morgen.

Für die Fischer ist es einer wie jeder andere. Denn wie immer in den frühen Morgenstunden ziehen sie das schwere Holzboot an den Strand und machen sich daran, das lange Netz an Land zu ziehen. Nur eine Handvoll kleiner Fische ist der Lohn der harten Arbeit. Enttäuscht machen sich zwei Fischer daran, die karge Beute einzusammeln, während andere das Netz nach Löchern absuchen.

Das war einmal anders, vor der sogenannten »Blauen Revolution«, die in den 80er Jahren den Fischfang modernisierte, und bevor eine moderne Flotte mit Schleppnetzen aufgebaut wurde, die ganze Küstenregionen

leerfischt. Heute sind außerdem ausländische Flotten zugange, die dem Fischbestand den Rest besorgen. Was bleibt dem Fischer ohne Fisch? Leere Taschen und der Griff zur Flasche. Armut und Alkoholismus sind heute ein großes Problem in den Fischerdörfern der Ost- und Westküste.

In den 90er Jahren wurden im Westen Shrimps immer beliebter, was zur starken Ausweitung der Zucht in künstlichen Aquakulturen führte. Riesige Mangroven-Wälder mussten den Shrimps-Farmen weichen, die allerdings nur etwa fünf Jahre an einem Standort bleiben können, weil Antibiotika, Pestizide und künstliches Fischfutter die Böden verseuchen

Wenn die Konzerne neue Standorte erschließen und weiterziehen, bleibt unbrauchbares Land zurück.

Nicht minder problematisch ist die Garnelen-Fischerei mit Netzen. Dabei fischen Boote mit über 100 Meter langen Netzen in Tiefen bis zu 60 Metern in einer Entfernung von acht bis 20 Kilometern vor der Küste alles aus dem Meer, was sich dort verfängt. Geschätzte 50.000 Schildkröten ertrinken jährlich in den Netzen indischer Shrimp-Trawler. Vielleicht ist es eine Überlegung wert, das nächste Garnelen-Curry oder den Shrimps-Cocktail nicht gerade durch eine Schildkrötensuppe, sondern eher durch eine vegetarische Variante zu ersetzen.

Frauen
Göttin und Sklavin

»Ein Land ist so fortgeschritten wie seine Frauen«, sagte Mahatma Gandhi einst. Misst man Indien daran, befindet sich das Land im tiefen Mittelalter, auch wenn einige Spitzenposten in Management und Politik von Frauen besetzt sind und Emanzipation vorgeben.

Das zeigt sich beispielsweise im Boom von pränataler Geschlechtsbestimmung. Jährlich fünf Millionen Mädchen werden so bereits vor der Geburt aussortiert. Das hat zu einem bedenklichen Männerüberschuss im Land geführt.

Das Leben der Frau ist auch heutzutage noch stark von den traditionellen Schriften beeinflusst. Die alten Gesetzestexte des *Manusmriti*, die für die Entstehung der hinduistischen Gesellschaftsordnung entscheidend waren, sprechen eine deutliche Sprache – die Frau sei des Mannes Untertan und müsse aufgrund ihrer angeborenen Schlechtigkeit dominiert und, falls notwendig, gezüchtigt werden. Wie weit sich diese Unterdrückungspropaganda in den Köpfen festgesetzt hat, zeigt eine Umfrage unter Teenagern, laut der es 57 % der Jungen und 53 % der Mädchen unter bestimmten Umständen gerechtfertigt finden, wenn der Ehemann seine Frau verprügelt.

Starb in früheren Zeiten der Ehemann, so sollte auch das Leben der Frau durch *Sati*, die Selbstverbrennung, beendet werden. Dadurch konnte sie ihre Reinheit beweisen und einem geächteten Leben als Witwe entgehen. Die Briten stellten die Witwenverbrennung 1829 unter Strafe. Doch der Feuertod hat sich in modernere Zeiten hinübergerettet. Tausende sind es, die jährlich in ihren Küchen mit Kerosin übergossen und angesteckt werden – und dies sind mitnichten Witwen. Die grausame Verbrennung der Ehefrau soll den Weg für eine weitere Heirat des Mannes und dadurch neue Mitgiftzahlungen ebnen. Offiziell ist die Mitgiftpraxis zwar seit Jahrzehnten verboten, aber das ändert nichts daran, dass sie weiterhin praktiziert wird. Und dieses System hat weitreichende Folgen. Da die Mitgiftforderungen unangemessen hoch sind, bringt die Geburt eines Mädchens meist eine enorme finanzielle Belastung mit sich, die eine Familie in den Ruin stürzen kann.

Selbst wenn in den Metropolen *Saris* (traditionelle Bekleidung der indischen Frauen) Jeans und T-Shirts weichen und sich die Mädchen modern fühlen – sie sind es nur selten und kaum eine kann ihren Lebensstil wirklich frei wählen. Die wenigen, die unverheiratet leben, macht die Gesellschaft zu Außenseitern. Nach der Heirat sind nur wenige Frauen aus der Mittel- und Oberschicht berufstätig, trotz guter Ausbildung.

Auf dem Land und unter den Armen sieht es anders aus, da ginge ohne die Frauen nichts mehr. Sie schuften in der Landwirtschaft und im Straßenbau, nebenbei ziehen sie Kinder auf, suchen Feuerholz, waschen, kochen, putzen und bedienen ihre Männer. Diese extreme Belastung macht die Frauen stark. In manchen und hoffentlich immer mehr Fällen führt dies glücklicherweise dazu, dass diese starken Frauen unbequem werden und sich vehement für andere Verhältnisse und Reformen der Frauenrolle einsetzen.

Gandhi

»Auge um Auge, und die ganze Welt wird blind sein.« (Mahatma Gandhi)

Wäre Gandhis Leben erdacht und einem Filmproduzenten als Drehbuch angeboten worden, hätte dieser es wohl wegen Unglaubwürdigkeit abgelehnt. Ein kleiner, dünner Mann im Lendenschurz, der am Spinnrad arbeitet und den Kopf voll wirrer Ideen hat, vertreibt eine mächtige Kolonialmacht? Unmöglich. Wie schön, dass das Leben so manche Überraschung bereithält.

Gandhi setzte sich für ein geeintes Indien ein, da die Briten bei der Aufgabe ihres indischen Kolonialstützpunktes planten, das Land aufzuteilen. Zum einen in den überwiegend von Hindus besiedelten Teil, das zukünftige Indien, zum anderen sollte im Nordwesten des Landes mit Pakistan ein muslimischer Staat erschaffen werden. Als die Teilung in zwei Staaten vollzogen war, kämpfte er mit einem Hungerstreik dafür, einen größeren Teil als ursprünglich vorgesehen dem neuen Staat Pakistan zukommen zu lassen. Das sollte das Todesurteil des Mannes sein, der sich Zeit seines Lebens für Gewaltfreiheit und moralische Integrität einsetzte.

Nur fünf Monate nach der Unabhängigkeit Indiens wurde der Vater der Nation, wie Mahatma Gandhi genannt wird, am 30. Januar 1948 von einem fanatischen Hindu ermordet. Dabei war »*Satyagraha*« die Grundhaltung seines Lebens. Diese von ihm kreierte Wortschöpfung sollte die Kraft benennen, die aus der Suche nach Wahrheit, Liebe und Gewaltfreiheit resultiert. Durch seine Methoden des passiven Widerstands, des zivilen Ungehorsams und seiner Weigerung zu Kooperation zwang er die Briten in die Knie. Viele Jahre verbrachte er im Gefängnis, weil er ungerechte Gesetze brach. Da er die Strafen annahm, stets gewaltfrei agierte und im Licht der Öffentlichkeit stand, mussten ihn die Briten immer wieder freilassen.

Eines seiner Meisterstücke war der legendäre Salzmarsch von 1930. Die Briten beanspruchten damals das Salzmonopol für sich. Indern war die Salzgewinnung unter Androhung von harten Strafen verboten. Gandhi machte sich mit 78 Mitstreitern auf einen 375 Kilometer langen Marsch zum Meer, der als Zeichen für zivilen Ungehorsam stehen sollte und die unfaire britische Steuerpolitik anklagte. Am Ende des Marsches hob Gandhi ein paar Salzkörnchen auf und ermutigte dazu, es ihm gleich zu tun. Die Menschen folgten ihm, begannen mit der Salzgewinnung. Der Verkauf dieses gewonnenen Salzes führte zwar zur Inhaftierung von insgesamt 50.000 Indern durch das britische

Regime, aber letztlich auch dazu, dass die Briten ihr Salzmonopol durch den großen öffentlichen Druck aufgeben mussten.

Der Salzmarsch zeigt die Wirksamkeit des Konzepts von Gandhi, die starke militärische Vorherrschaft der Briten durch moralische Überlegenheit zu untergraben. Dass es durch den Idealismus eines Menschen gelang, am Ende eine ganze Nation zu befreien, ist wohl einzigartig in der Geschichte der Menschheit.

Ganesh Chaturthi

Abtauchende Elefantenhorde

Nartans dunkle Stirn glänzt unter den Schweißtropfen, die er mit einem zerfetzten Tuch trockenwischt. Ein sinnloses Unterfangen in der treibhausartigen Luft Mumbais, besonders heute, wo die ganze Stadt auf den Beinen ist. Es ist der letzte Tag des 10-tägigen Geburtstagsfestes zu Ehren des elefantenköpfigen Gottes Ganesh, das vor allem im Bundesstaat Maharashtra und dessen Hauptstadt Mumbai ausgiebig gefeiert wird.

Tanzend hält Nartan seine Ganesh-Statue in die Luft. Musik schrillt aus Lautsprechern, Trommeln wirbeln, Böller knallen, Menschen lachen, tanzen, jubeln, drängeln sich durch die Straßen und tragen in unzähligen Prozessionen Tausende bunte Ganesh-Statuen durch den dichten Verkehr, vorbei an hupenden Autos und ungeduldigen Rikscha-Fahrern.

Wie Nartan bringen alle ihre kleinen Figuren aus Lehm oder Gips mit, die sie in den letzten Tagen mit besonderen Ritualen und Gebeten in ihren Häusern verehrt und mit Opfergaben wie Süßigkeiten, Räucherstäbchen und Blumen überhäuft haben. Organisierte Nachbarschaften haben sich zusammengetan und versucht, sich gegenseitig im schönsten und größten Ganesh-Abbild zu übertrumpfen. Bis zu zehn Meter hohe Abbilder des Rüsselgottes schieben sich motorisiert und blumengeschmückt durch die Straßen. Doch heute, am letzten Tag des *Ganesh Chaturthi*, heißt es Abschied nehmen, denn die Götter gehen auf Reisen – ans Meer.

Ökoaktivisten beklagen, dass die traditionell aus Lehm hergestellten Idole nun häufig solchen aus Gips gewichen sind, die Sulfat, Phosphor und Magnesium beinhalten – und zudem mit toxischen Farben bemalt sind. Die tausendfache Versenkung und Auflösung solcher umweltgefährdenden Statuen hat ökologische Auswirkungen. Ganz offensichtlich zeigt sich das Tage nach dem Fest – neben angespülten Ganeshresten liegen dann zahlreiche tote Fische am Strand.

Am Strand von Mumbai wimmelt es von Elefantengöttern aller Größen und Farben in der wogenden Menschenmasse. Darunter auch Nartan, der seinem großohrigen Gott eine letzte Kokosnuss, Blumen und Kampfer opfert. Anschließend drängelt er sich mit seinem Ganesh zum überfüllten Ufer und steigt ins dunkle Meer. Er hebt den kleinen Gott ein letztes Mal über seinen Kopf, ruft »*Ganpati bappa morya, pudcha varshi laukar ya*« (»Oh, Gott Ganesh, komm bald wieder im nächsten Jahr«) und überlässt ihn dann den Fluten. Wehmütig blickt er seinem Elefantengott hinterher, der gemeinsam mit einer bunten Horde, den Rüssel nach oben gestreckt, langsam versinkt, begleitet von der Hoffnung, er möge alle Sorgen und Nöte mit in die Tiefen des Meeres nehmen.

49

Ganges
Die heilige Mutter

Aus eisigen Höhen des Himalaya strömt der Ganges aus dem Gletschereis bei Gangotri hinab, schäumend stürzt er über Felsklippen in die Tiefe, nimmt andere Zuflüsse auf, bis er bei Haridwar aus dem Gebirge stößt und als mächtiger Strom in die Ganges-Ebene eintritt.

Bedächtig fließt er durch den Nordosten Indiens, auf den 2.700 Kilometern, die er insgesamt zurücklegt, vereinigen sich weitere Flüsse mit ihm und machen den Strom noch gewaltiger. Er fließt vorbei an heiligen Städten wie Allahabad und Varanasi, entlang kleiner Dörfer und schließlich durch das Ganges-Delta, das die Landschaft durch unzählige Mündungsarme aufteilt und zu einem der dichtbesiedeltsten und hochwassergefährdetsten Gebieten der Erde gehört. Im größten Flussdelta der Welt ergießt er sich schließlich am Golf von Bengalen in den Indischen Ozean.

Als wäre dies nicht spektakulär genug, ist der lebenspendende, gewaltige Strom zugleich Göttin, nämlich die einzige Hindu-Göttin, die sichtbar auf Erden weilt. *Ganga Mata*, Mutter Ganga, so nennen Hindus den Fluss, den sie inbrünstig verehren, ob bei ganz speziellen Feierlichkeiten wie den *Kumbh Melas* (siehe Seite 162), an denen bis zu 100 Millionen Gläubige teilnehmen, oder jeden Tag. Mutter Ganga wäscht von Sünden rein und erhält zum Dank dafür täglich Millionen Blumenopfer und schwimmende Kerzen. Selbstvergessen stehen die Pilger im Wasser und beten zu ihrer Göttin, tauchen unter, trinken einen Schluck, füllen sich einen Kanister voll und nehmen ihn für den heimischen Altar Hunderte Kilometer nach Hause mit. Allein in Varanasi, der heiligsten Stadt am Ganges, baden Tausende Pilger täglich. Dabei kommt es zu gewöhnungsbedürftigen Szenen: Neben einem badenden, betenden Mann erleichtert sich ein paar Meter weiter ein anderer zwischen welken Blumen und schwimmenden Müll.

Während ein Junge seinen Durst stillt, eine Frau ihr Haar wäscht und andere ihre Wäsche ausklopfen, treibt eine Leiche im Wasser vorüber.

Um den ewigen Kreislauf von Tod und Wiedergeburt zu beenden, reicht man sterbenden Hindus einen Schluck Ganges-Wasser und streut die Asche der an den Ufern des Ganges Verbrannten in den Fluss. Unbestritten ist der Ganges der heiligste Fluss der Welt, aber wohl auch der dreckigste. Mit den Jahren ist er schwer in Mitleidenschaft gezogen worden. Der Fluss ist so sehr verschmutzt, dass die Weltbank und die indische Regierung durch ein Milliardenprogramm versuchen, den Fluss zu retten. Nachdem der Ganges die Bade- und Verbrennungsplätze Varanasis passiert hat, werden ein bis zwei Millionen Keime auf hundert Milliliter Wasser gemessen. Der Richtwert der EU und übrigens auch der indischen Regierung für Badeverbote in fließenden Gewässern liegt je nach Art des Keims bei 100 bis 2.000 Keimen pro 100 ml.

50 Gateway of India

Das Tor nach Indien

Mumbais Wahrzeichen ist das *Gateway of India*. Der Triumphbogen wurde zu Ehren des Indienbesuchs von König Georg V. im Jahre 1911 gebaut. Eingeweiht wurde er 1924.

Durch das 26 Meter hohe Wahrzeichen sollten englische Dampfer-Passagiere das kolonialisierte Land betreten. Ironischerweise marschierten am 28. Februar 1948 die letzten englischen Truppen durch das Tor, um den verlorenen Kolonialstützpunkt per Schiff zu verlassen. Heute legen hier nur noch Touristenschiffe an.

Abends ist der Platz rund um das Bauwerk ein beliebter und sehr belebter Treffpunkt. In dem Gedränge mit Riesenluftballon-Verkäufern, Bettlern, Paaren, Touristen und Fotografen kann man sich den Aufmarsch der steifen britischen Regimentssoldaten kaum noch vorstellen. Doch auch wenn das quirlige Leben rund ums *Gateway* die dunklen Zeiten des Kolonialismus verblassen lässt, ein Symbol für diese Epoche bleibt das Bauwerk.

31 Geduld

Abwarten und Chai trinken

»Jeder Europäer, der nach Indien kommt, lernt Geduld, wenn er keine hat, und er verliert sie, wenn er sie hat«, lautet ein indisches Sprichwort, das mehr Wahrheit beinhaltet, als einem lieb ist. Inder hingegen scheinen die Geduld nie zu verlieren.

Kommt der Zug nicht, macht man es sich gemütlich und wartet. Kommt kein Käufer, sinniert man vor sich hin oder plaudert mit den anderen Verkäufern. Wer Busfahrpläne sucht, sucht vergebens. Wer deutsche Effizienz gewohnt ist, der kommt aus dem Staunen nicht mehr heraus. Sollte eine Rikscha nicht bereits vollgetankt und die Bremsen repariert sein, bevor der Fahrgast eingeladen wird? In Indien nicht unbedingt. Da sitzt man schon mal eine halbe Stunde in der Rikscha, während der Fahrer in aller Seelenruhe an seinem Gefährt herumschraubt, bevor er irgendwann gemächlich zur Tankstelle fährt.

Kann man auf die Schnelle ein Zugticket kaufen? Manchmal geht das – und manchmal dauert es Stunden, bis man sein Ticket in den Händen hält. Bekommt man denn wenigstens in Restaurants das, was man bestellt hat? Oft schon, aber hin und wieder kommt statt einer Suppe ein Curry-Gericht und statt Soda ein Chai auf den Tisch.

Indien funktioniert anders als gewohnt – ein nicht zu knapp bemessenes Quantum an Geduld macht das Touristenleben definitiv leichter und schont die Nerven.

Gerüche
Eine Bestandsaufnahme

Der Geruch trockenen Staubs und dunkler Abgaswolken mischt sich mit verheißungsvoll duftenden Räucherstäbchen an einem Schrein, vernebelnder Marihuanarauch steigt vom *Chillum* (ein Rohr, meist aus Holz, das traditionell zum Cannabiskonsum verwendet wird) eines *Sadhus* auf, der in der Nähe an einem qualmenden Feuer sitzt.

Um die Ecke mischt sich frischer Seifenduft mit dem modrigen Geruch stehenden Gewässers, Blumenhändler verkaufen Ketten aus Jasmin- und Rosenblüten, deren Duft noch lange in der Nase bleibt.

Der Schwefelgeruch eines Zündholzes bleibt nur für einen kurzen Moment, bis die Zigarette brennt und vom Nikotingeruch überlagert wird. Am Straßenrand stöbern Kühe in einem Müllberg, jetzt wetteifert trocknender Kuhdung mit beißendem Urin der sich hier stets erleichternden Männer. Nur wenige Schritte entfernt schwelt Plastik auf kokelnden Müllhaufen neben einem Teestand, Kerosin steigt vom Kocher auf und in die Nase, die nach Rosenwasser riechenden Süßigkeiten am Nachbarstand stimmen versöhnlich.

Gesellschaft im Wandel

Tata und Cola

Das *Monsoon* ist angesagt bei den Jugendlichen. Kareena und ihre Freundinnen haben es geschafft, einen Tisch zu ergattern, packen ihre Smartphones auf den Tisch und plaudern über die gestrige Party und harmlose Jungsgeschichten.

Hier gibt's die beste Pizza und mit einer Cola dazu fühlen sich die Jugendlichen in ihren Jeans und engen Shirts vor allem eines: angesagt und hip. Sie sind es vergleichsweise auch. Das Mädchen vor der Türe, das Nüsse verkauft, hat allerdings mit Sicherheit anderes im Kopf, als angesagt zu sein.

Kareenas Eltern sind beide berufstätig. Der Vater programmiert Software, die Mutter ist Ärztin. Sie will in die USA, wie ihr Cousin, der in Los Angeles studiert. Die USA stehen hoch im Kurs. Wessen Eltern es finanzieren können, der geht ins Land der unbegrenzten Möglichkeiten und will dort auch am liebsten bleiben.

Ein Drittel der Bevölkerung, um die 300 Millionen Menschen, wird der indischen Mittelschicht zugerechnet. Zusammen mit der sehr reichen Oberschicht verfügt diese über die Kaufkraft der US-amerikanischen Mittelschicht. Das rief US-Konzerne auf den Plan, die in der großen Hoffnung auf Milliardengewinne den indischen Markt enterten. Aber ganz entgegen der Einschätzung der Konzerne blieben die meisten kaufkräftigen Inder bei indischen Produkten. Bata-Schuhe statt Nike, Idlis statt Kellogg's, Tata statt Mercedes Benz.

Bei einer Reise durchs Land fällt ins Auge, wie viele Häuser heutzutage massiv statt aus Lehm gebaut werden, wie viele Fernsehantennen und Satellitenschüsseln aus den Dächern wachsen, wie viele Autos und Motorräder vor den Häusern stehen.

Doch wie sieht es im Innenleben aus? Werden Traditionen mit zunehmender Kaufkraft verworfen? Ja und Nein. Die Gesellschaft ist zwar in einem Wandel begriffen, aber der geht langsam voran und ist momentan hauptsächlich in den Städten zu beobachten. Moderne Mädchen wie Kareena haben im Dorf keinen Platz. Und Traditionen spielen noch immer eine große Rolle. Ehen werden noch immer arrangiert, Kastengrenzen heben sich nur in den Städten auf, Frauen sind weit von der Gleichberechtigung entfernt. Jahrhunderte alte Traditionen sind einfach langlebiger als ein Paar Nike-Schuhe.

Und auch Kareena weiß, dass sie sich ihren Zukünftigen nicht ganz alleine aussuchen kann, aber sie hätte Mitspracherecht, sagt sie nicht ohne Stolz und nimmt erst mal einen Schluck Cola.

Gewürze

Safran, Pfeffer, Kurkuma & Co

Wenn Senfkörner, Kardamom und Kreuzkümmel leise im heißen *Ghee*, im Butterschmalz platzen und der aromatische Geruch durch die Küche weht, dann erst gibt man andere Zutaten in die Pfanne. Indiens Küche ist ohne seine reiche Gewürzkultur undenkbar. Seit hunderten von Jahren werden Gewürzpflanzen angebaut, deren Geschichte untrennbar mit dem Land verwoben ist.

Im Europa des Mittelalters boomte der Gewürzhandel. Gewürze waren so wertvoll, dass sie zeitweise mit Gold aufgewogen wurden. Venedig hatte zunächst die Vormachtstellung im Gewürzhandel. Als Vasco de Gama den Seeweg nach Indien entdeckte, übernahmen die Portugiesen den Handel. Die wiederum mussten ihr Monopol Ende des 16. Jahrhunderts an die Holländer abgeben. 1780 brach ein Gewürzkrieg zwischen England und Holland aus, dessen Ausgang zum Ende der Niederländischen Ostindien-Kompanie führte. 1799 verloren die Holländer alle Handelsverträge an England. Die europäische Vormachtstellung im Gewürzhandel wurde schließlich von den USA beendet, indem sie direkte Verträge mit Indien abschlossen. Bis heute sind die USA der größte Markt für Gewürzimporte.

Eine bewegte Geschichte also. Nur eines hat sich im Verlauf der Zeit nicht geändert. Als letzte Glieder in der Handelskette sind die Gewürzbauern noch immer diejenigen, die mit Abstand am wenigsten daran verdienen.

POWDER
MASALA
GINGER POWDER
CLOVES
BLACK PEPPER
GREEN
CORRIANDER POWDER
CINNAMON POWDER
NIGELA
ANISEED

55 Goa
Lost Paradise

Der Italiener Lorenzo fährt sich verträumt durch das graue Haar und schwärmt: »Vor 25 Jahren war an diesem Strand nichts. Keine Hütte, kein Restaurant, kein Mensch, nur Palmen und weißer Sand. Es war ein Gefühl, als sei ich der erste Mensch, der das Land betritt. Das kann man sich jetzt nicht mehr vorstellen, oder?«

Man kann ihm da nicht widersprechen, blickt man über die palmengesäumte Bucht mit ihren bunten Buden, Restaurants und Badegästen aus aller Welt.

Jedes Jahr pilgern zwei Millionen Touristen nach Goa, die einen pauschal, die anderen mit Rucksack. Und alle möchten untergebracht und versorgt werden. Die Zeit der einsamen Buchten ist definitiv vorbei. Als in den 60ern die Blumenkinder an den Traumstränden ihre Hüllen fallen ließen, waren die Einheimischen zwar entsetzt, richteten sich aber trotzdem auf diese merkwürdigen Eindringlinge ein. Buden und Hütten wurden zusammengezimmert und an die eigenwillige Schar vermietet.

Die Entwicklung hin zum Pauschaltourismus begann erst 1987, als die ersten Charterreisen nach Goa angeboten wurden. Kurz darauf wurde etwa die Hälfte der Küste zur touristischen Erschließung freigegeben. Ausländische Investoren profitierten von Steuerfreiheit, subventioniertem Bauland und günstigen Krediten.

Eine Besonderheit der Region ist eine Art Lotteriesystem in der Vergabe von Lizenzen an Kleinunternehmer: Jedes Jahr werden die Konzessionen neu verlost – wer Pech hat, verliert also von heute auf morgen seine berufliche Existenz. Eine bedrohliche Situation vor allem für die kleinen, indischen Familienbetriebe. Problematisch ist auch der durch den Tourismus immer gravierender werdende Wassermangel. Das Wasser wird zu den Hotelanlagen geleitet, während Pflanzen und Tiere dürsten. Die Preise für das Land steigen. Kleinbauern können die steigenden Pachtkosten nicht mehr tragen und sind zur Landaufgabe gezwungen.

Der Massentourismus hat sehr offensichtlich negative Veränderungen gebracht. Lorenzo kommt trotzdem wieder. »Es ist kalt und teuer in Neapel. Und hier hat sich zwar vieles zum Schlechten verändert, aber schön ist es trotzdem, oder?« Ja, schön ist Goa trotzdem.

MFR 354 CAN
वेताळ

Goldener Tempel

Heiligtum mit blutiger Geschichte

Ein Besuch des goldenen Tempels ist nur möglich, wenn man den Nektar der Unsterblichkeit überquert.

Was sich nach einem Playstation-Fantasy-Spiel anhört, ist ganz real. Der *Nektar der Unsterblichkeit* ist nichts anderes als ein See mit einem ungewöhnlichen Namen, über den glücklicherweise eine Brücke führt. Hat man diese überquert, wird man mit dem goldenen Tempel, dem Heiligtum der Sikhs aus dem 16. Jahrhundert, belohnt. Eine Palastanlage umgibt ihn, deren vier Tore die Offenheit und Toleranz der Sikhs gegenüber anderen Religionen symbolisieren. Tausende Pilger besuchen täglich den mit Blattgold überzogenen Tempel. Per Lautsprecher tönen Rezitationen aus dem Heiligen Buch als instrumental untermalte Gesänge über das Tempelgelände. Ein magischer Ort des Friedens und der Kontemplation.

Im Juni 1984 wurde der Frieden brüsk unterbrochen, als der goldene Tempel für 36 Stunden Schauplatz eines blutigen Gemetzels wurde. Damals wollte der radikale Anführer Jarnail Singh Bhindranwale mit seinen Anhängern die autonomen Bestrebungen nach einem Sikh-Staat mit Gewalt durchsetzen. Sie hatten sich im Tempel verschanzt und planten den Staat Khalistan auszurufen, der den Punjab und umliegende Gebiete umfassen sollte. Soldaten der indischen Armee und eine Spezialeinheit stürmten in der Operation *Blue Star* den goldenen Tempel. Nach der Schlacht waren über 1.200 Menschen tot, unter ihnen viele Zivilisten, Frauen und Kinder. Als Reaktion darauf erschossen Ende Oktober zwei Sikh-Leibwächter die damalige Premierministerin Indira Gandhi. Die daraufhin stattgefundenen Ausschreitungen gegen die Sikhs gehören zu den dunklen Kapiteln des Landes. Im ganzen Land machten fanatische Hindus Jagd auf Sikhs. Die Armee wurde erst nach Tagen mobilisiert, um den Mob zu stoppen – als in 60 indischen Städten ein Ausgangsverbot verhängt wurde, waren bereits 3.000 Sikhs tot. Bis heute hat sich die damals regierende Kongress Partei Indira Ghandis, die durch den verzögerten Einsatz der Armee Mitschuld an dem Massaker trug, nicht bei den Hinterbliebenen entschuldigt.

Die Einschusslöcher sind schon lange verputzt und die Schäden an den Gebäuden repariert, doch vergessen können die Sikhs das blutige Jahr 1984 nicht.

37

Götterwelt

Hinduistisches Götterwirrwarr

Wie viele Götter es im Hinduismus gibt, weiß wohl keiner so genau, außer die Götter selbst. Auf Erden schwankt die Zahl irgendwo zwischen 3.000 und 330 Millionen.

Der unübersichtliche Götterhimmel ist entstanden, weil sich in der hinduistischen Religion auch die Götter reinkarnieren. Mitsamt himmlischer Ehepartner, Kinderschar und lokaler Gottheiten ist das hinduistische Pantheon so unübersichtlich geworden wie ein Ameisenhaufen.

Dabei fing es einst sehr überschaubar an, mit den als *Trimurti* bezeichneten Göttern Brahma, Vishnu und Shiva. **Brahma** wird als Schöpfer der Welt verehrt, aus ihm entsteht alles Leben. Anders als bei seinen Gefährten gibt es nur einen einzigen Tempel in Pushkar, der ihm geweiht ist. Brahmas Gattin ist **Saraswati**, die Göttin der Weisheit und Gelehrsamkeit.

Vishnu ist der Erhalter der Welt und hat sich im Laufe der Zeit zehnfach inkarniert. Seine Frau ist **Lakshmi**, die Göttin der Schönheit und des Reichtums. Bei jeder Inkarnation Vishnus steht sie ihm als Gefährtin, ebenfalls in neuer Erscheinung, zur Seite.

Als Zerstörer und gleichzeitig Erneuerer der Welt gilt **Shiva**, der häufig mit einer Mondsichel auf dem Kopf und drei waagerechten Ascheстreifen auf der Stirn oder als ekstatischer Tänzer in einem Feuerrad dargestellt wird. Teils tritt er in widersprüchlichen Formen in Erscheinung, wie beispielsweise als meditativer Asket oder als Gatte von Parvati.

Parvati wiederum taucht in verschiedenen Inkarnationen als Kali, Durga und **Sati** auf. Als treue und bis in den Tod folgende Gattin verbrennt sie sich der Überlieferung zufolge selbst auf einem Scheiterhaufen, worauf sich die Witwenverbrennung, die *Sati*, begründet. Blutrünstig erscheint sie als **Kali**, eine schwarze, nackte Frauenfigur mit einer Kette aus Menschenschädeln, einem Rock aus abgeschlagenen Armen, in ihren zahlreichen Händen schwingt sie Sicheln und einen abgetrennten Menschenkopf. So grausam sie aussieht, so wenig einseitig wird sie gesehen. Kali gilt als Göttin der Zerstörung, die, symbolisiert durch ihre Sicheln, von Unwissenheit und Bindungen befreit und dadurch den Weg zur Erlösung ebnet.

Ganesh, der elefantenköpfige Gott, ist der Sohn von Shiva und Parvati. Als Glücksbringer für neue Unternehmungen erfreut er sich großer Popularität.

Dann wären da noch zwei beliebte Vishnu-Inkarnationen, der liebende **Krishna** mit blauer Körperfarbe und Flöte und der tapfere, dunkelhäutige **Rama**, der mit Pfeil und Bogen dargestellt wird. Seine Geschichte wird im Heldenepos *Ramayana* erzählt. Verbannt in den Wald und seiner Gattin Sita beraubt, schafft er es, mit Unterstützung des starken Affengottes **Hanuman** den Entführer und Dämonen Ravana zu besiegen. Hanuman steht als selbstloser, hingebungsvoller Diener Ramas für das Ideal eines Lebens in Gottesliebe.

Wenn Ihnen jetzt der Kopf schwirrt, wundern Sie sich nicht. Bei diesem komplexen Verwandtschafts- und Beziehungsgefüge und all den Inkarnationen den Überblick zu behalten, ist nicht einfach. Berücksichtigt man nun noch diverse Strömungen des Hinduismus, die unterschiedliche Götter an die Spitze stellen, bricht ein wahres Götterchaos aus. Doch eines ist allen Strömungen gemein – die indischen Götter werden heiß geliebt, wovon ihre unzähligen Darstellungen zeugen. Ob vom Autospiegel baumelnd, an der Rikscha klebend, auf dem Hausaltar thronend oder kunstvoll gemeißelt im Tempel stehend: die Götter Indiens sind allgegenwärtig.

Gurus

Guru-Shopping

Am Fuße des Arunachalas, einem der heiligsten Berge Indiens, gibt es ein merkwürdiges Phänomen. *Guru-Shopping* könnte man es zynisch nennen. Die Sehnsucht der Reisenden aus Ost und West nach mehr Sinnhaftigkeit im Leben wird hier durch gut ein Dutzend selbsternannter Gurus gestillt, die so mancher Suchende häufiger wechselt als seine Unterwäsche.

Jeden Tag versammeln sich um die 400 Westler bei dem beliebten Mooji, einem Rastamann aus Jamaika, der in einem weißen Wickelgewand auf der Bühne thront. In der großen Halle herrscht ehrfurchtsvolle Stille, aber jeder, der will, kann ein Anliegen vortragen. Die emotional aufgeladenen Sucher brechen in Tränen aus, blicken ihn stumm an, stellen Fragen oder schreien ihre lebenslang angestaute Wut heraus. Und allen scheint der geduldige Mooji auf irgendeine Weise zu helfen.

Viele Gesichter sieht man bei Cesar wieder, bei dem es ganz anders zugeht. Der junge Mann aus Venezuela kommt in kurzen Hosen statt Wallagewand, mit Fahrradhelm in der einen, iPhone in der anderen Hand. Die Atmosphäre ist so ungezwungen, dass einige Anhänger in irritierende, unbeherrschte Lachanfälle ausbrechen. Laut Cesar ein Aufknacken alter Konditionierung und ein erster Schritt ins Erleben des Jetzt.

Indische Gurus, die in Indien eigentlich eher Swami, Acharya oder Baba genannt werden, gibt es wie Sand am Meer. Den wenigen im Westen bekannten Gurus wie Sai Baba, Osho oder die umarmende Mutter, Ama genannt, stehen unzählige im Stillen agierende entgegen. Doch unter dieser Schar an Gurus gibt es auch viel faulen Zauber. »Lass Dir einen weißen Bart wachsen, blicke gütig aus braunen Augen und erzähl' den Leuten, was sie hören wollen. Die zahlen doch jeden Betrag für ein bisschen Seelenheil«, meint ein nachdenklicher Tourist.

Ernsthafter läuft die Sitzung bei Werner ab. Der Schweizer hat zwölf Jahre am Stück meditiert, in einer dunklen Kammer. Seine Erfahrungen präsentiert er schweizerisch genau und tiefgründig.

Dann ist da noch Mark aus Rosenheim. Erweckt durch einen Rausch mit Ayahuasca, einer halluzinogen wirkenden Pflanze aus dem Amazonas, fühlt er sich berufen, als spiritueller Lehrer den Unerwachten zu helfen.

Shivashakti hat ein anderes Konzept. Die seit Jahren schweigende Inderin zeigt sich stumm und mit gütiger Ausstrahlung täglich eine Viertel-

stunde der auf dem Boden sitzenden Schar. Viele sitzen mit geschlossenen Augen da und machen durch die bloße Anwesenheit der Frau offensichtlich tiefe innere Erfahrungen. Einigen laufen Tränen über die Wangen, andere strahlen, wieder andere sind in tiefer Meditation versunken.

In zehn Minuten Entfernung liegt der Ramana Maharsi Ashram. Ramana Maharsi ist ein weltweit bekannter Heiliger, der so versunken auf dem Arunachala meditierte, dass er nicht merkte, wie ihn die Ameisen langsam anfraßen. 1950 verstarb er, doch für seine zahlreichen Anhänger ist er noch sehr lebendig.

Handeln

Feilschen um jeden Preis

Eben mal schnell was einkaufen, das wird schwierig, will man nicht maßlos überzogene Preise zahlen. Ein ungeschriebenes Gesetz lautet: Handle, sonst bist du ein Narr.

Selbst wenn man bereit ist, einen höheren Preis zu zahlen, macht Handeln schon deswegen Sinn, weil die Anfangspreise oft in schwindelerregender Höhe starten. Doch wie vorgehen? Am besten in etwa so:

Interessent begutachtet Ware, Händler beobachtet Interessent.

I: Wie viel kostet das?
H: 800 Rupien.
I: Was? Das ist zuviel.
I tut schockiert, legt die Ware zurück und schickt sich an, wegzugehen.
H: Was zahlen Sie?
I: 200.
H: Ha, ha, ha, das ist viel zu wenig. Da mache ich keinen Gewinn.
I: Gut, dann nicht.
H: Nennen Sie einen guten Preis. Ihr bestes Angebot.
I: 400 ist mein letztes Wort.
H: Nein, das ist zu wenig. 600. Dafür kriegen Sie das in ganz Indien nicht.
I: Das ist zu teuer.
H. Was ist ihr letzter Preis?
I: Also gut – 450.
H: 500. Mein allerletztes Angebot. Ich mache da keinen Gewinn.
I: Ok, 500.

Objekt und Geld tauschen die Besitzer und sowohl I als auch H sind zufrieden und haben beide das befriedigende Gefühl, ein gutes Geschäft gemacht zu haben.

Interessant für Schnäppchenjäger ist das *»first business«*, also das erste Geschäft des Tages, das der Verkäufer ohne Gewinn tätigt, da dies Verkaufsglück für den Rest des Tages verheißt.

Steht ein Schild *»fixed price«* am Verkaufstresen, so kann das stimmen, muss es aber nicht. Also probieren und handeln. An Kiosken gibt es hingegen tatsächlich meist Festpreise. Feilschen um jede Flasche Wasser, jede Banane und jeden Keks muss dann doch nicht sein.

60 Handys

Kommunikatives Indien

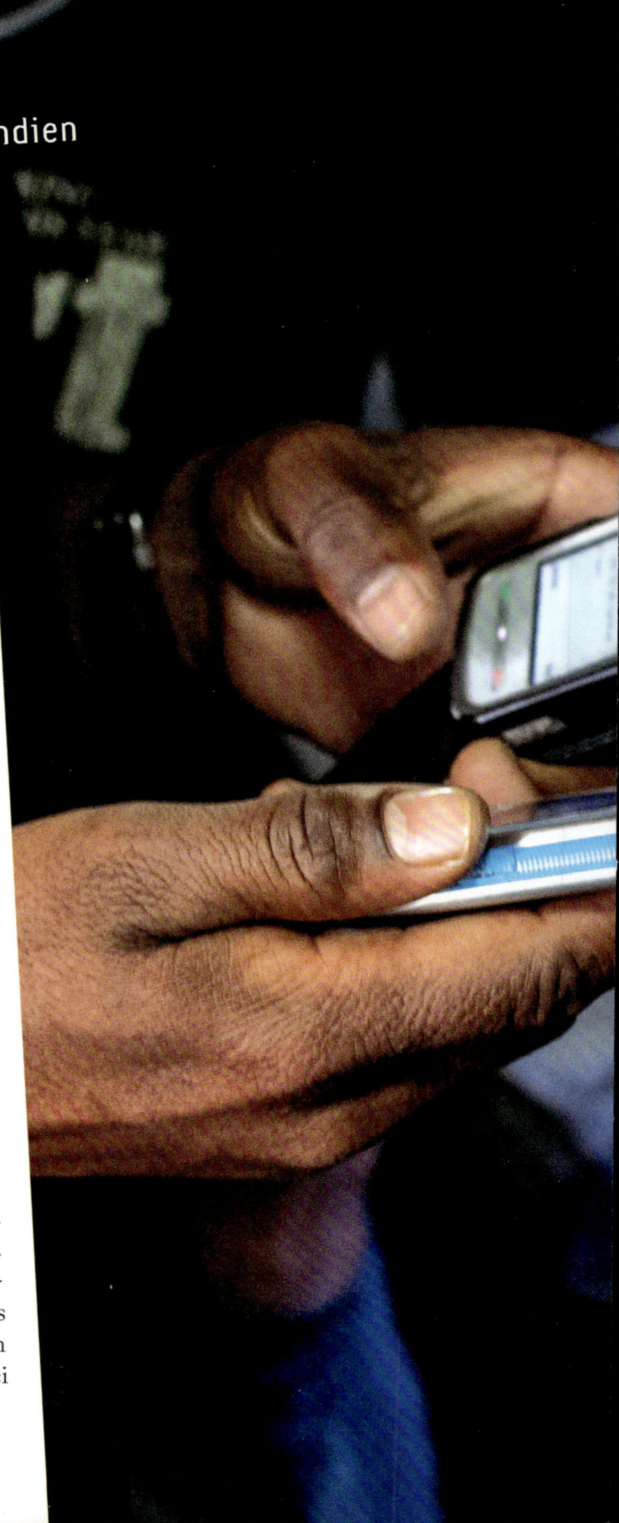

Wie in jedem anderen Land auch, ist der segensreiche Fluch der Handys allgegenwärtig. Handys klingeln überall. Auch während ehemals höchst kommunikativer Zugfahrten sind nun die Fahrgäste mehr mit ihren Mobilfunktelefonen beschäftigt. Telefonieren, spielen, Musik hören, Nachrichten verschicken.

Heute Morgen: ein Bettler zieht sein Handy aus der zerlumpten Kleidung, Gedränge vor dem Handyshop, SMS tippende Teenager an der Bushaltestelle, ein Mann steht in einer Ruine und telefoniert, während er sich gleichzeitig erleichtert. Und wen wundert die Allgegenwärtigkeit der Handys noch, sieht man sich die euphorischen Prognosen der Telekommunikationsanbieter an. Bis 2015 soll Indien der weltweit größte Mobilfunkmarkt sein und China und Japan eingeholt haben. Schon heute überschwemmen 545 Millionen Handys den Markt. Allerdings haben manche Inder gleich zwei, drei oder noch mehr Handys.

Hanuman

Affengott ohne Furcht und Tadel

Jeden Morgen um sieben macht sich Tarun auf den Weg. Zielstrebig marschiert er in kurzen Hosen und barfuß aus dem Ort, entlang steiniger Felder und nimmt einen schmalen Pfad auf einen Hügel hinauf. Die Luft erwärmt sich langsam, und als er am Ziel ist, glänzt seine Haut unter kleinen Schweißperlen und sein verwaschenes T-Shirt klebt an dem schmalen Rücken.

Vor einem mannshohen, einfachen weißen Schrein senkt er seinen Kopf, faltet die Hände und betet andächtig zu Hanuman. Der Affengott ist sein auserwählter Lieblingsgott: »Hanuman ist der beste Gott, er ist stark und ein treuer Freund, der beste, den man haben kann«, sagt Tarun überzeugt. »Ich liebe ihn und er hilft mir immer. Deshalb besuche ich ihn jeden Tag und bete zu ihm.«

Seine braunen Augen strahlen. Er hat nur wenige Minuten zur Andacht, bevor er wieder den Berg hinab rennt – das Geschäft wartet, der 10-jährige Tarun arbeitet in der Gemischtwarenbude seines Onkels.

Im hinduistischen Götterladen ist Hanuman sehr beliebt. Durch übermenschliche Kräfte, Mut und Klugheit, aber auch durch Sanftheit und Hingabe zeichnet er sich aus. In Darstellungen zeigt er sich meist mit einem muskulösen menschlichem Körper mit einem Affengesicht. In fast jedem Tempel ist er zu finden. Hier wird er häufig in Form eines behauenen Steines verehrt, der unter frisch aufgetragener, orange-roter Farbe glänzt. Die Farbe symbolisiert seinen Mut, hingebungsvoll auf der Seite des Guten zu kämpfen.

Hanumans Verehrung ist eng mit der Anbetung des Gottes Rama, der siebenten Inkarnation von Vishnu, verbunden. Nur mit seiner Hilfe konnte Rama seine Gattin Sita aus den Fängen des Dämons Ravana befreien. Bevor Rama die Erde verlässt, bittet er Hanuman darum, als sein Stellvertreter auf Erden zu bleiben und alle Menschen bei der Entwicklung der Fähigkeit der Hingabe zu unterstützen.

So ist jeder Anhänger von Hanuman auf dem sogenannten *Bakthi*-Weg, dem Yogaweg der bedingungslosen Hingabe an Gott, der Liebe und des Mitgefühls. Und so trägt der junge Tarun seinen Hanuman im Herzen wie dieser Rama und Sita im Herzen trug. Eine Liebe, die ein Leben lang hält.

Heirat

Vegetarische Jungfrau sucht …

So sicher wie das Amen in der Kirche, gehört zum Leben eines Inders die Heirat. Ein unverheiratetes Leben, ob als Single oder in wilder Ehe, hat in der indischen Gesellschaft keinen Platz.

Auch wenn in vielen Bollywoodfilmen die Romantik von Liebesheiraten beschworen wird, sind diese selten. Fast alle Ehen werden arrangiert. Die Eltern verabreden die Hochzeit ihrer Kinder – meist mit horrender Mitgiftforderung von Seiten der Familie des Mannes, was zur Folge hat, dass jede Geburt eines Mädchens für viele Familien einem finanziellen Ruin gleichkommt. Um die Mädchen schnell loszuwerden, werden trotz Verbots noch heute Kinderehen arrangiert. Eine Umfrage der Regierung kam zu folgenden Ergebnis: 48 % der Frauen, die heute zwischen 20 und 24 Jahre alt sind, wurden verheiratet, bevor sie 18 Jahre alt waren – fünf Prozent waren sogar jünger als 15 Jahre.

Die Wahl des Ehepartners übernehmen die Eltern. Liberalere Eltern lassen zu, dass sich die zukünftigen Eheleute bei einem Treffen beschnuppern können, die meisten sehen ihren Ehepartner bei der Hochzeit das erste Mal. Geläufige Meinung ist ohnehin, dass die Liebe mit den Jahren von alleine komme. Und da die Vermählung vorrangig der Fortpflanzung und somit der Lebensabsicherung dienen soll, macht man sich nicht allzu romantische Illusionen. Da in der Hinduvorstellung eine karmische Verknüpfung mit dem Partner von Leben zu Leben besteht, kann man dem Partner ohnehin nicht entkommen. Auch deshalb sind Scheidungen sozial geächtet, selbst wenn diese in der Oberschicht zunehmen.

Zeitungsannoncen sind beliebt, um die Suche zu vereinfachen. Chiffriert wird hinter den Worten vermittelt, wie sich die Eltern den Ehepartner ihres Kindes vorstellen. Bei einer *»decent marriage«* soll die Mitgift in nicht unerheblicher Höhe ausfallen, während bei einer *»girl only consideration«* kein finanzielles Interesse hinter der Vermählung steckt. Das Kürzel *»VV«* deutet auf die angestrebte Vermählung einer vegetarischen Jungfrau hin, wobei hier nicht das Sternzeichen gemeint ist, bei *»spinster«* handelt es sich um eine »alte« Jungfrau, eine Frau über 30 Jahre.

Annoncen in der *Times of India* klingen in etwa so:

»Gutsituierte Familie sucht für ihren einzigen Sohn wohlerzogenes, geduldiges Mädchen mit hellem Teint. Detailliertes Horoskop erwünscht.«

»Geschäftsmann für 23-jähriges Mädchen aus guter Familie gesucht, Brillenträgerin Stärke 3, zieht ein Bein nach, kann aber alle Arbeiten verrichten. Kaste kein Hindernis.«

»Witwer, 47, sieht aus wie 39, 1,65 m groß, Gewinner der Schachmeisterschaft von Uttar Pradesh 1992, sucht anpassungsfähige alte Jungfrau mit gutem Familienhintergrund, die sterilisiert oder gebärunfähig ist.«

Findet dann die Hochzeit statt, wird ein Feuer siebenmal umrundet, was für die Anzahl von mindestens sieben gemeinsamen Leben steht. Trägt der Mann rote Farbe auf die Stirn des Mädchens auf, ist spätestens dies der Moment, in dem das Mädchen weiß, dass es jetzt zu einer neuen Familie gehört und nun vor allem auf das Wohlwollen der Schwiegermutter angewiesen ist. Die junge Ehefrau, die von ihrer Schwiegermutter gepeinigt wird, ist ein unerschöpfliches Thema indischer Filme – und der Wirklichkeit.

Hijras
Indiens drittes Geschlecht

Plötzlich sind die Menschen im Zug in Aufruhr, eine Schimpftirade ergießt sich über einen Mann, der sich weigert, einer Bettlerin Geld zu geben. Mit gesenktem Kopf wartet er, bis die Bittstellerin ihre langen Haare stolz zurückwirft und hüftschwenkend weiterzieht.

Die außergewöhnliche Bettlerin ist an den Armen stark behaart und hat Bartwuchs: eine *Hijra*, Indiens drittes Geschlecht. Weder Mann noch Frau, obwohl genetisch männlich, werden sie den Eunuchen zugerechnet. Wie viele von ihnen tatsächlich kastriert sind, ist unbekannt. Die *Hijras* tragen Frauenkleider, unterscheiden sich in ihrem Verhalten aber sehr von einer indischen Frau: zu grell geschminkt, zu laut, zu aggressiv und viel zu sexy. All dies ist für eine indische Frau tabu.

Die Gesellschaft behandelt sie wie *outcasts*, verleiht ihnen aber gleichzeitig einen kultischen Sonderstatus. Sie werden verspottet – und doch fürchtet man ihre magischen Fähigkeiten. Keiner in Indien möchte von einer *Hijra* verflucht werden. Dieser Mythos hilft ihnen beim Überleben. Bei Geburten und Hochzeiten tauchen sie aus dem Nichts auf, singen und tanzen und fordern eine Spende. Bevor ein Fluch ausgestoßen wird oder verstümmelte Geschlechtsteile gezeigt werden, schiebt man lieber zähneknirschend ein paar Scheine rüber. Weil die Spende oft nicht reicht, gehen viele *Hijras* auf den Strich. Sie leben in Gemeinschaften unter der Obhut einer Anführerin, die ähnlich einem Zuhälter fast die ganzen Einnahmen kassiert. Dafür gibt sie ihnen ein Dach über dem Kopf und holt sie zur Not durch Bestechung aus dem Knast. Als wäre das Leben einer *Hijra* ohnehin nicht hart genug, denn Vergewaltigung und Prügel von Seiten der Polizei und der Freier sind keine Seltenheit.

Der Status der *Hijras* veränderte sich maßgeblich mit der britischen Kolonialherrschaft. Davor lebten sie häufig als Hausangestellte oder führten rituelle Zeremonien durch. Die homophoben Briten machten der traditionellen Rolle der *Hijras* den Garaus. Sie stellten die Kastration

unter Strafe und verboten Homosexualität. Tausende *Hijras* wurden verhaftet und kriminalisiert. Mit der indischen Unabhängigkeit hat sich an der Diskriminierung nichts geändert, da auch in der nachkolonialen Phase die Gesetze der Briten in Kraft blieben und die viktorianische Prüderie sich schon zu tief ins indische Bewusstsein eingebrannt hatte. Beruf und gesellschaftliche Akzeptanz bleiben ihnen deshalb bis heute verwehrt.

Nur im indischen Patna (Bundesstaat Bihar im Nordosten) hat sich eine neue Art der beruflichen Verwirklichung für die *Hijras* aufgetan. Säumige Steuerzahler werden durch einen lauthals singenden *Hijra*-Chor vor ihrer Haustür ganz schnell zur Begleichung der Schulden überredet. Vier Prozent der so erlangten Steuereinnahmen erhält der Eunuchenchor.

Himalaya

Atemberaubend, auch unter der Sauerstoffgrenze

Schneebedeckte Gipfel, prächtige Tempel und orangegewandete Mönche. Der Himalaya, in dessen Abgeschiedenheit sich über Jahrtausende unterschiedlichste Kulturen entwickelten, hat noch jeden Besucher fasziniert. Drei bedeutende Kulturen treffen im Himalaya aufeinander, die buddhistische Klosterkultur Tibets, aus Pakistan die islamische und aus Indien die hinduistische Kultur.

Als größtes Gebirgsmassiv der Welt erstreckt es sich über 2.500 Kilometer und grenzt an die Länder Indien, Pakistan, China/Tibet, Nepal und Bhutan. Alle 14 Achttausender der Welt und Hunderte Gipfel über 7.000 Meter ragen hier in den Himmel. Der Nanda Devi ist mit 7.816 Metern der höchste indische Berg im Himalaya.

In Indien gilt der Himalaya, dessen Name aus dem Sanskrit kommt und »Heimat des Schnees« bedeutet, als Sitz der Götter – so hat bei-

spielsweise der Gott Shiva seinen Wohnsitz auf dem Berg Kailash. Doch auch der Himalaya als Ganzes wird von den Hindus als Gott Himavat verehrt. Er lebt mit seiner Gemahlin auf den Gipfeln der Berge in einem Palast. Eine seiner Töchter ist Ganga, die Göttin des heiligsten Flusses Indiens (Ganges), eine andere Tochter ist Parvati, die Gemahlin Shivas.

Für jeden Hindu ist das Gebirge heilig. Vier der wichtigsten Pilgerstätten, die jeder Hindu einmal in seinem Leben besuchen sollte, liegen im Himalaya. Viele Heilige und Wandermönche suchen den Rückzug in die Einsamkeit der Berge. In Höhlen meditierend, manchmal in strenger Askese lebend, haben sie alle nur ein Ziel: die Erleuchtung im heiligen Gebirge zu erlangen.

Hinduismus
Karma und Wiedergeburt

Der Hinduismus ist nach dem Christentum und dem Islam die drittgrößte Weltreligion und unterscheidet sich auf eine einzigartige Weise von den beiden anderen. Es gibt weder ein religiöses Oberhaupt noch eine Heilige Schrift, weder eine organisierte Kirche noch ein für alle gültiges Glaubensbekenntnis.

Das Besondere am Hinduismus ist, dass er viele unterschiedliche Strömungen umfasst, die teilweise sehr verschiedene Auffassungen haben. Was die Hindus eint, ist der Glaube an *Brahman*, das als heilige Kraft hinter allem Existierenden steht, und an *Samsara*, dem zyklischen Erdenleben mit seinen endlos vielen Wiedergeburten. Am Ende steht, wenn es gut läuft, ein Ende durch *Moksha*, die Befreiung.

Bei allem sollte der Hindu stets auf sein *Karma* achten. Lebt er gegen sein *Dharma*, also gegen moralische und ethische Gesetze, wird er in einer niederen Kaste wiedergeboren – oder, wenn er es ganz schlecht anstellt, sogar als Tier. Wobei es nach einem guten Tierleben durchaus möglich ist, wieder als Mensch geboren zu werden. Was entscheidend ist, da es nur dem Menschen möglich ist, Selbstverwirklichung zu erlangen, indem er das *Atman*, so heißt das in allem Existenten innewohnende *Brahman*, erkennt und wieder in ihm aufgeht.

Noch verwirrender sind die unzähligen hinduistischen Götter, von denen keiner weiß, wie viele es wirklich sind. Dabei sind die Götter nur Manifestationen und Aspekte des *Brahman*, des Göttlichen.

Selbst wenn Hindunationalisten mit ihrem Rassismus gegen Andersgläubige ein anderes Bild vermitteln, ist der Hinduismus im Grunde eine äußerst tolerante Religion, die ohne Probleme auch Heilige aus anderen Religionen in ihr Pantheon aufnehmen kann. So steht am Hausaltar auch mal der christliche Gottessohn Jesus in holder Eintracht neben dem elefantenköpfigen Ganesh und dem lächelnden Buddha gemeinsam im Nebel der Räucherstäbchen.

कृपय
जगह - ज
निवेदक

Holi

Nass und bunt in den Frühling

Heute ist Frühlingsfest, heute ist *Holi* – und es wird bunt auf den Straßen. Jeder holt die ältesten Klamotten aus dem Schrank, denn *Holi* kann keiner sauber überstehen. Schon Tage zuvor deckt man sich mit buntem Farbpulver oder Farbpatronen für Wasserbomben ein. An *Holi* heißt es dann: Feuer frei!

Wenn bunte Staubwolken die Luft vernebeln, die Shirts vom farbigen Wasser aus Spritzpistolen und Wasserbomben durchweicht sind und in allen Farben schimmern, jede freie Hautpartie von pink über blau bis gelb bedeckt ist, dann ist der Frühling da. Farbenfroher wird er nirgendwo sonst begrüßt.

Holi steht auch für den Sieg des Guten über das Böse, deshalb begräbt man heute alte Streitigkeiten. Und natürlich ist das ganze Spektakel einem Gott gewidmet. Krishna, der aussieht, als sei er in einen Topf mit blauer Farbe gefallen, steht diesem Fest vor. Einer Legende nach fragte der junge Krishna seine Mutter, warum seine Geliebte Radha eine andere Hautfarbe habe als er. Sie empfahl ihm, Farbe ins Radhas Gesicht zu schmieren, so könne er ihr jede beliebige Farbe geben. Mit der Umsetzung dieser Idee war *Holi* geboren.

Ziemlich wild und übermütig geht es zur Sache. So blau die Hautfarbe Krishnas, so blau trinken sich viele Feiernde, was die ohnehin ausgelassene Stimmung noch mehr anheizt. Die sonst so strikten sozialen Schranken sind aufgehoben. Heute feiert jeder mit jedem den Frühlingsbeginn.

Singh

Hupen!

Dauerbeschallung auf den Straßen

***»Horn please!«* Oft liest man diese Aufforderung in dekorativ handgemalter Art auf der Heckklappe von Bussen, Rikschas und Lkws. In Indien wird gerne gehupt und vor allem ständig. Der angehupte Westler mag sich anfangs mit schlechtem Gewissen erschrocken umschauen, bis er merkt – in Indien wird anders gehupt.**

Denn mit dem Hupen wird in der Regel nicht auf ein Fehlverhalten hingewiesen, geschweige denn ist es eine aggressive Aufforderung, sich jetzt aber mal gefälligst ganz schnell vom Acker, respektive der Straße, zu machen – Hupen ist vielmehr als Warnung zu verstehen. Achtung, ich überhole jetzt – Achtung, ich fahre auf der Gegenspur viel zu schnell in eine nicht einsehbare Kurve – Achtung, ich fahre dicht auf, fahr mal schneller – Achtung, fahr bitte, bitte langsamer, ich bin zu schnell und kann das Überholmanöver nicht mehr abbremsen – Achtung, Kuh, Hund, Ziege, geh aus dem Weg, sonst drücke ich eine Minute so feste auf die Hupe, dass allen Anwesenden die Ohren klingeln.

Ob während der Fahrt oder im Stand vor einer in sich versunkenen Kuh, gehupt wird vor allem laut, denn so kommt man schneller durch den Verkehr. Eine laute Hupe ist kaufentscheidend – deshalb hat der deutsche Autohersteller Audi seine Hupen für den indischen Markt angepasst. Sie sind wesentlich lauter und werden einem zweiwöchigem Dauertest unterzogen, bevor sie in die Audi-Modelle eingebaut werden.

Die Art des Signals unterscheidet sich in lang, kurz, mehrmals kurz, dauerhaft, vehement, inbrünstig, ungeduldig, aufbrausend. Ohne diese akustischen Hinweise wäre das Überleben auf Indiens Straßen mit all dem Verkehrschaos aus Autos, Bussen, Motor- und Fahrrädern, Lkws, Fußgängern, Rikschas, Kühen, Hunden und Ochsenkarren unmöglich. Anders als im geordneten Deutschland verlässt man sich mehr auf die soziale Interaktion miteinander als auf feste Regeln.

Kommunikation durch Hupen – durchschnittlich angeblich 20 Mal pro Kilometer hupt ein Vehikel in Indien. Die geräuschvolle, lebhafte Kulisse gehört zu Indien wie der Mount Everest zum Himalaya. Zurück in der Heimat empfängt einen ungewohnte Stille.

ape PIAGGIO ape
HORN PLEASE
पाणी आडवा..
पाणी जिरवा!
हम हैं ना
बारामती
PIAGGIO
MH 43
E 8858

Indian Railways

Schnell, schnell – das ist keine indische Reise

Zugfahren in Indien ist ein besonderes Erlebnis. Nicht nur weil das Zurücklegen der großen Distanzen im Land in extrem langen und langsamen Fahrten gipfelt, sondern auch weil es Einblicke in einen eigenen Mikrokosmos gewährt.

Doch bevor es losgehen kann, benötigt man ein Ticket – und dieses zu bekommen, ist nicht immer einfach. Mitdrängeln und warten, Formular ausfüllen, hoffen und wieder warten, mit Glück ein Ticket erhalten, zahlen. Die Prozedur kann auch mal einen halben Tag dauern und ist nicht immer von Erfolg gekrönt. Zur Hauptreisezeit, etwa der Hochzeitssaison Anfang des Jahres, kann es durchaus sein, dass die Züge wochenlang im Voraus ausgebucht sind.

Sobald einer der 14.000 blauen Züge auf über 63.000 Schienenkilometern schwerfällig aus dem Bahnhof rollt, eröffnen sich schnell untouristische Ansichten. Müll an Land und in stehenden Gewässern, dazwischen einfachste Behausungen. Vereinzelt Menschen, die Schienen ablaufen, auf der Suche nach Essensresten und Brauchbarem. Die Landschaft gleitet langsam vorbei – Äcker und Wiesen, Dorfleben, bunte *Saris* trocknen auf Leinen, eingeseifte Kinder und Wäscherinnen im dunklen Fluss, harte Arbeit auf dem Feld, Hunde streunen, Rabenvieh schaut zu.

Das Reisen mit der indischen Eisenbahn ist wesentlich unterhaltsamer als eine Zugfahrt im deutschen ICE. Lebhaft geht es zu. Man isst, plaudert, lacht, telefoniert, Kinder rennen die Gänge entlang und Kakerlaken manchmal über die Sitze. Für Abwechslung sorgen passierende Händler, die lauthals ihre Waren feilbieten. Es gibt Chai, zuckersüßen Milchtee, und *»Goffi«*, eigentlich *coffee*, mindestens ebenso süßen Milchkaffee, dann Softdrinks, Nüsse und Fettgebackenes, Nagelknipser, Sicherheitsnadeln, Halsketten, Suppen und Milch. Dazwischen kommen Bettler und manchmal Musikanten. Ein beinloser Junge auf einem Rollbrett, eine singende Oma, ein blinder Opa und ein Flötenspieler.

Wenn die rote Sonne hinterm Horizont versinkt, werden die Sitzlehnen der Bänke zu Liegeflächen hochgeklappt. Das Licht erlischt, Schlafenszeit. Jetzt surren nur noch die Ventilatoren unter dem rhythmischen Geratter der Eisenräder auf den Schienen. Wer jetzt mit einem tiefen Schlaf gesegnet ist, hat Glück. Wer sich die Nacht herumwälzt und kaum Schlaf findet, der ist spätestens wieder mit der Welt versöhnt, wenn ihn an der offenen Zugtüre stehend die Morgensonne begrüßt, die das Land in ihren zarten gelben Schein taucht.

Kommt dann der Zug nach knapp 40 Stunden Fahrtzeit pünktlich am Ziel an (was tatsächlich vorkommt), dann muss man seinen Hut ziehen vor den *Indian Railways*.

Indien I

Einheit in der Vielfalt

1947 erlangte Indien nach 134 Jahren Herrschaft der britischen Kolonialmacht seine Unabhängigkeit. Indien zog seine Kraft aus der Bildung eines demokratischen Staates und ist heute eine lebendige und vor allem die größte Demokratie der Welt mit verschiedensten Gruppen und Glaubensrichtungen.

In Indien lebt eine bunte Mischung aus Nachfahren der Urbevölkerung, eingewanderten Ariern, Griechen, Mongolen, Chinesen, Hunnen sowie Stammesvölkern. Nicht zu vergessen sind die islamischen Einflüsse, die während 600-jähriger Herrschaft muslimischer Dynastien hinzukamen, und die der europäischen Kolonialherrscher. Entstanden ist ein Schmelztiegel aus Hautfarben und Physiognomien. Es gibt keine einheitliche Nationalsprache, vielmehr existieren 122 Sprachen und hunderte Dialekte. Hindi ist neben Englisch zwar Amtssprache, aber nur 41 % der Inder sprechen diese Sprache tatsächlich.

Das Indien, das 1947 erschaffen wurde, war ein neues Konstrukt. Ein Staat, der im Nordosten durch eine willkürlich gezogene Grenze Volksstämme voneinander trennte und der Bewohner der entlegensten Regionen des Himalayas mit denen des tropischen Kerala einte. Heute fühlen sich die Bewohner ganz selbstverständlich als Inder, ob Hindu, Muslim, Buddhist oder Christ. Zwar gab es Ende der 80er Jahre verstärkte Bestrebungen einer hinduistisch-nationalistischen Bewegung *(Hinduvata)*, Indien für sich zu beanspruchen, aber diese scheiterte am demokratischen Selbstverständnis fast aller Inder. Denn darauf sind sie stolz: »*Unity in diversity*«, die Einheit in der Verschiedenheit.

70 Indien II

Everything is possible in India

Manchmal erscheint Indien wie eine Fata Morgana. Auch bei ihr weiß man nicht genau, was Wirklichkeit ist und was die Luft nur spiegelt. Und was ist schon real? Sind die unzähligen Götter vielleicht allein dadurch existent, dass eine Milliarde Menschen inbrünstig an sie glauben?

Unbestreitbar ist, dass dieser jahrtausendealte Glaube an Götter Spuren hinterlassen hat. Eigenschaften, die bei uns im Alltagsleben nichts zu suchen haben, werden hier ganz offen gelebt. Wer einmal die Hingabe, Demut oder tiefe Dankbarkeit von Gläubigen bei der Andacht beobachtet hat, kann sich differenzierter Gedanken über unsere westliche Attitüde machen, die von Logik und Ratio beherrscht wird und derartige Praktiken größtenteils verdrängt hat.

Nach jedem Besuch bleibt der Eindruck, dieses komplexe Land nie ganz begreifen zu können. Es ist und bleibt ein Mysterium. Manchmal wirkt es traumhaft wie eine Illusion, wie ein Land jenseits von Raum und Zeit – mit Zauber, Mystik und Magie. Dann wieder schleudert es einen zurück in die realste aller Realitäten und konfrontiert mit menschlichen Extremen, Elend und Not. So widersprüchlich das Land, so widersprüchlich die Rezeption. Da bleiben seelische Beulen und Traumbilder, Resignation und Inspiration, Mitleid und Zuversicht.

Über Indien kann viel und zugleich nichts gesagt werden. Alles, was festgestellt und behauptet wird, scheint sich schon hinter der nächsten Ecke wieder zu revidieren. Für die einen ist Indien spirituelles Sehnsuchtsland, für andere eine knallharte Armutsrealität. Manchmal kommt es einem vor, als gäbe es in Indien so viel mehr als bei uns, ganz abgesehen von den Millionen Göttern. Es scheint, als wären hier noch Wunder möglich, die bei uns längst vergessen sind. Nicht umsonst lautet ein geflügelter Spruch: *Everything is possible in India.* Vielleicht ist Indien das eigentliche Land der unbegrenzten Möglichkeiten …

Kasten
Hinduistische Klassengesellschaft

Als der Volksstamm der Arier um 1500 v. Chr. in Indien eindrang und sein System der Klassengesellschaft ins Land brachte, bildete sich eine Unterteilung in vier Kasten heraus. Ganz oben in der Hierarchie stehen die *Brahmanen* (Priester und Gelehrte), danach folgen die *Kshatriyas* (Krieger), die *Vaishyas* (Händler) und ganz unten die *Shudras* (Arbeiter).

Auf Sanskrit heißen die Kasten *Varna*, was »Farbe« bedeutet und erklärt, warum jeder dieser Klassen eine bestimmte Farbe zugeteilt wird. Weiß ist die Farbe der *Brahmanen* und steht für Reinheit, Schwarz wird den *Shudras* zugeordnet, was für Lethargie und Faulheit steht. Hier wird die starke Wertigkeit innerhalb des Systems deutlich. Lange Zeit gab die Hautfarbe eindeutig Aufschluss über die soziale Stellung. Der Volksstamm der Arier war hellhäutig und die Ureinwohner waren dunkelhäutig. Noch heute wird eine weiße Haut in Indien mit einem hohen Status gleichgesetzt – der immens starke Absatz von Aufhellungscremes spricht für sich.

Die vier Hauptkasten unterteilen sich wiederum in etwa 3.000 Unterkasten, die sogenannten *Jatis*, in die ein Mensch hineingeboren wird. Unter allen Kasten und außerhalb des Gesellschaftssystems stehen die Unberührbaren, heute *Dalits* genannt, was sich aus dem Sanskritwort *dal* ableitet, das mit »zerbrochen«, »zerdrückt«, »zerstört« übersetzt wird.

Noch vor wenigen Jahrzehnten legte die Geburt in eine Kaste den Beruf, die religiösen Bräuche und sogar die Essgewohnheiten fest. Eine der wichtigsten Regeln war das strikte Verbot, außerhalb der eigenen Kaste zu heiraten. So wurde die Zugehörigkeit zu einer Kaste auch auf nachfolgende Generationen übertragen.

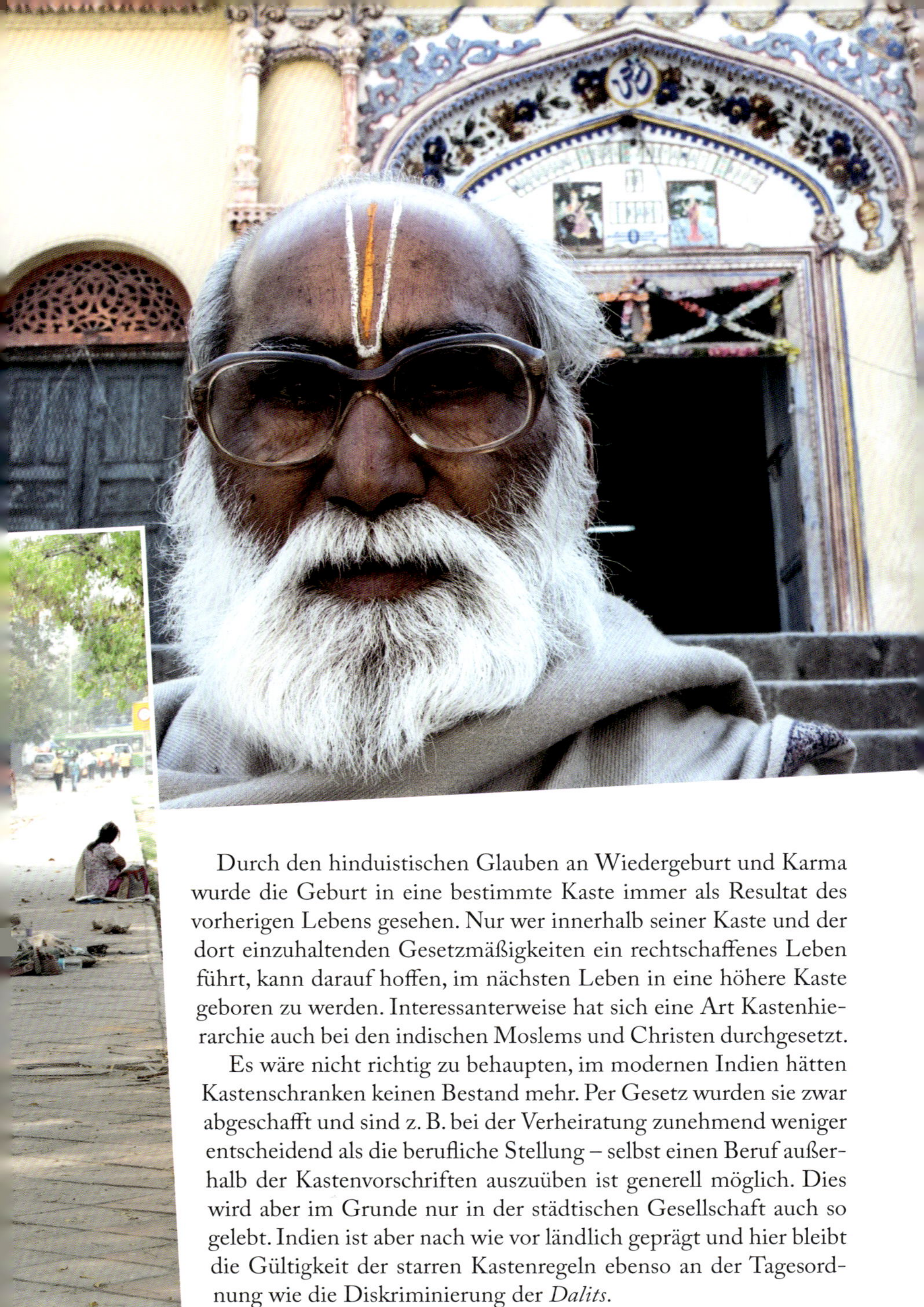

Durch den hinduistischen Glauben an Wiedergeburt und Karma wurde die Geburt in eine bestimmte Kaste immer als Resultat des vorherigen Lebens gesehen. Nur wer innerhalb seiner Kaste und der dort einzuhaltenden Gesetzmäßigkeiten ein rechtschaffenes Leben führt, kann darauf hoffen, im nächsten Leben in eine höhere Kaste geboren zu werden. Interessanterweise hat sich eine Art Kastenhierarchie auch bei den indischen Moslems und Christen durchgesetzt.

Es wäre nicht richtig zu behaupten, im modernen Indien hätten Kastenschranken keinen Bestand mehr. Per Gesetz wurden sie zwar abgeschafft und sind z. B. bei der Verheiratung zunehmend weniger entscheidend als die berufliche Stellung – selbst einen Beruf außerhalb der Kastenvorschriften auszuüben ist generell möglich. Dies wird aber im Grunde nur in der städtischen Gesellschaft auch so gelebt. Indien ist aber nach wie vor ländlich geprägt und hier bleibt die Gültigkeit der starren Kastenregeln ebenso an der Tagesordnung wie die Diskriminierung der *Dalits*.

72 Kerala

Entspannung pur in God's own country

»God's own country«, so lautet der Slogan der Tourismusbehörde Keralas – und so mancher Tourist mag zustimmend nicken. Kerala ist eines der beliebtesten Urlaubsziele Indiens und zieht die Besucher durch landschaftliche Attraktivität in seinen Bann.

Neben den berühmten *Backwaters*, den palmengesäumten Lagunen- und Flusslandschaften, sanft grünen Reisfeldern, weißen Sandstränden und ausgedehnten Waldgebieten, bietet Kerala eine faszinierende Mischung verschiedener Kulturen, was in der alten und für Indien eher untypisch relaxten Hafenstadt Kochi besonders stark zum Ausdruck kommt. Portugiesen, Holländer und Briten waren hier als Kolonialmächte und sie alle haben ihre architektonischen Spuren hinterlassen.

Zahlreiche Nationalparks und Bergorte wie Munnar bieten alles, was das Herz eines Naturfreundes begehrt. Kerala ist außerdem die Wiege des Ayurveda, was sich in den zahlreichen Wellness-Angeboten niederschlägt. Tägliche Massagen mit besten Ölen, dazu hervorragendes Essen und die bezaubernde Landschaft helfen dem gestressten Westler, endlich seine Seele baumeln zu lassen.

Im gesamtindischen Vergleich erscheint Kerala wohlhabend. Das Pro-Kopf-Einkommen liegt zwar nur knapp über dem indischen Durchschnitt, doch drastische Armut wie in anderen Teilen des Landes gibt es hier nicht. Das liegt zum einen an der guten Bildung der Keralesen, die häufig in den arabischen Ölstaaten arbeiten und mit Überweisungen zum Einkommen der Familie beitragen. Zum anderen zeigt die konsequent durchgeführte Agrarreform von 1957, durch die Pächter Land zu geringen Preisen erwerben konnten und die Allmacht der Großgrundbesitzer beschnitten wurde, ihre positiven Effekte.

Kerala hat die geringste Analphabetenrate Indiens. Dies wird als Verdienst der kommunistischen Regierung des Bundesstaates gesehen, die sich bei fast allen Wahlen mit der Kongresspartei abwechselt. Ob Häuserwand oder Laternenpfahl: Hammer und Sichel-Symbole sieht man hier ungewöhnlich oft.

Kinderarbeit

Schuften statt Schule

Der zwölfjährige Raju sitzt in einem dunklen Zimmer und stickt den ganzen Tag – und der ist mit zwölf Stunden Arbeitszeit sehr lange. Er näht Pailletten auf Oberteile, die für Europa bestimmt sind.

Es ist stickig. Jedes Mal, wenn der Aufseher vorbei kommt, zuckt er zusammen. Erst gestern hat er Raju mit solcher Wucht gegen das Bein getreten, dass dieser jetzt nur unter Schmerzen auftreten kann. Dabei war Raju nur kurz auf dem Klo gewesen.

Die schönste Zeit in Rajus Leben war die Schulzeit. Doch leider war sie sehr kurz. Seit sein Vater den Job als Fahrer verloren hat und das Geld in der Familie knapp geworden ist, muss er mitverdienen. Seinen Traum, Lehrer zu werden, kann er nun begraben.

Kabir ist erst sieben und arbeitet draußen. Er schleift einen großen Sack hinter sich her und sammelt Altpapier und Metall. Manchmal legt er den Sack beiseite und tobt mit den anderen herum oder ruht sich aus, bis er wieder durch die Straßen zieht und mit seinen kleinen Händen Pappe in den Sack stopft oder Nägel aus Feuerasche sammelt. Die paar Rupien, die er dafür bekommt, liefert er zuhause ab. Sein Zuhause, das ist eine 15 Quadratmeter große Lehmhütte ohne Strom und Wasser, in der seine Familie zu sechst lebt.

Schicksale wie das von Raju und Kabir gehören in Indien zum Alltag. Die beiden sind nur zwei von etwa 40 Millionen Kindern. Denn so viele Kinderarbeiter gibt es nach Schätzungen von Hilfsorganisationen, obwohl seit 1986 Kinderarbeit in Indien offiziell verboten ist. In einem Land, in dem über ein Drittel der Bevölkerung weniger als einen Dollar am Tag zur Verfügung hat, ist es allerdings nicht verwunderlich, dass es beim Thema Kinderarbeit eine hohe Toleranzschwelle gibt.

Ob in Steinbrüchen, Teppich- und Textilfabriken, in der Landwirtschaft oder Prostitution, Millionen Kinder arbeiten unter ausbeuterischen Verhältnissen und können daran auch als Erwachsene nichts ändern. Ohne Ausbildung haben sie so gut wie keine Chance auf eine angemessene Entlohnung und ein selbstbestimmtes Leben.

Laut der Vereinten Nationen trägt Kinderarbeit zu 20 Prozent zum indischen Bruttosozialprodukt bei. Auch für deutsche Boutiquen und Versandhäuser wird nicht selten in Kinderarbeit produziert, um Kleidung für einen Spottpreis anbieten zu können.

74 Kingfisher

Bier, Airline und ein geschäftstüchtiger Playboy

Vor 1978 war der *Kingfisher* nur ein Vogel. Ein schöner Eisvogel allerdings, scheu, flink und sehr blau. Seit 1978 ist Kingfisher auch ein indisches Bier.

In einigen Bundesstaaten, in denen Alkohol verboten ist, werden die Flaschen heimlich in Zeitungspapier eingewickelt und in die Hotels geschmuggelt. In liberaleren Bundesstaaten, wie zum Beispiel Goa, können Biertrinker ganz offen die Flaschen mit dem Eisvogellogo leeren. Doch der Mann, der das Eisvogelbier in den 80ern zur beliebten Marke machte, ist nicht nur ein findiger Unternehmer. Vijay Mallya ist weit mehr. Er ist ein Symbol für das aufstrebende Indien und ein Leben voller Leichtigkeit, Luxus und schöner Frauen.

VJM, wie der Playboy genannt wird, ist bekannt für wilde Partys auf seinen Luxusyachten. 2005 gründete der Milliardär mit den großen Diamanten im Ohr die Airline *Kingfisher*, die zweitgrößte private Fluggesellschaft des Landes. Außerdem berichtet sein Lifestyle Sender *NDTV Good Times* mit Eisvogellogo über einen Lebensstil, der in Indien nur von der Oberschicht, das sind gerade mal ein Prozent der Bevölkerung, gelebt werden kann. Da geht es um Sexabenteuer und Bodystyling, um Partys und Luxusgüter. Es ist ein Bild eines leichten Lebens, frei, unabhängig, in dem Geld keine Rolle spielt. Ein Bild, das Trends und Vorlieben in die Köpfe meißelt, die für fast alle unerreichbar sind.

Die Airline schreibt rote Zahlen, kann Piloten und Stewardessen nicht mehr bezahlen. Die Zukunft der Fluggesellschaft ist ungewiss. Wer weiß, in einigen Jahren denkt man beim Namen *Kingfisher* vielleicht wieder nur an den blauen Eisvogel.

Kolams
Vom Winde verweht

Jeden Tag bei Sonnenaufgang malen Millionen Frauen in Südindien mit Reispulver sogenannte *Kolams* auf den mit Kuhdung und Wasser gereinigten Boden vor ihren Eingangstüren.

Über ein Punktraster werden teils komplizierte Muster gestreut. Manche sind farbig, andere in schlichtem Weiß gehalten, wobei eine ununterbrochene Linie kennzeichnend für die *Kolams* ist.

Sie sind ein hinduistisches Symbol und sollen den Bewohnern Glück bringen. Kolams verheißen Segen und schützen vor ungebetenen Gästen und Geistern. Diese traditionsreiche, von der Mutter zur Tochter weitergegebene Fertigkeit wird in verschiedenen Regionen Indiens zelebriert. Im Norden heißt die kunstvolle Gestaltung des Eingangsbereichs *Rangoli*. Jeden Morgen entstehen so unzählige Unikate, mit unterschiedlichen Bedeutungen und Symbolen. Die Haltbarkeit ist befristet, nur bis der Wind das feine Reispulver verweht, bleiben die kleinen Kunstwerke bestehen.

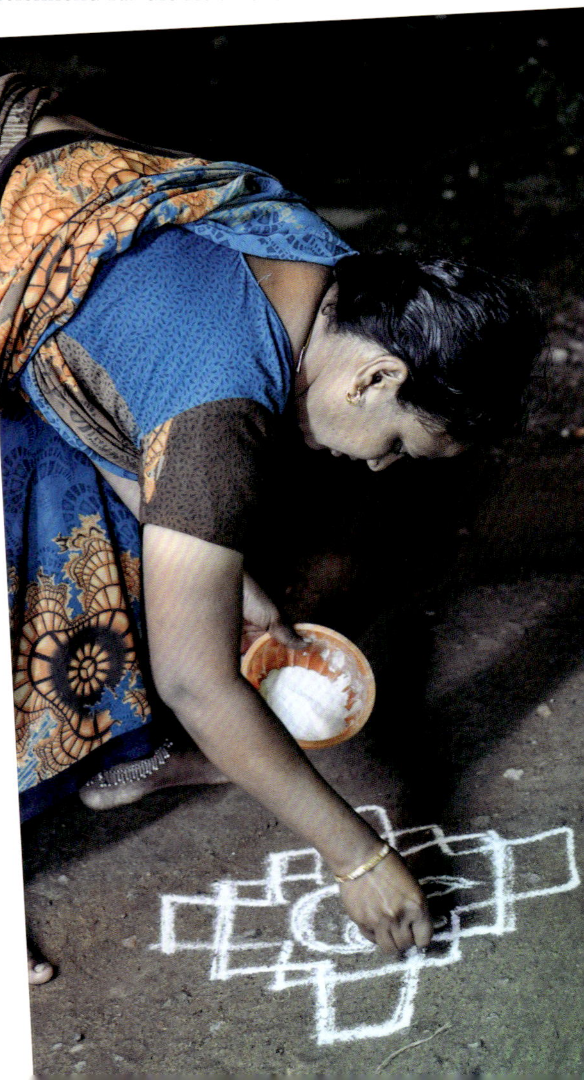

Kolkata

Stadt der Freude oder Höllenschlund?

Wer an Kalkutta denkt, dem kommen Bilder von Mutter Teresa und dem Schwarzen Tod, von apokalyptischem Elend, Lepra und Menschen, die wie Fliegen auf den Straßen sterben, in den Sinn. Stadt der schwarzen Göttin Kali, die messerschwingend jeden Kopf abzuschlagen bereit erscheint und der heute in ihrem Tempel blutige Tieropfer dargebracht werden – statt Menschenopfer wie bis 1861.

Kolkata, wie die westbengalische Stadt seit 2001 heißt, wird von den Bewohnern »Stadt der Freude« genannt. Der westliche Mensch mag dazu keinerlei Anlass sehen und ungläubig den Kopf schütteln. Betreten wir also Kolkata, um zu überprüfen, ob tatsächlich noch etwas dran ist an den Schreckensbildern.

Betrachten wir zunächst den Fluss Hooghly, einen Seitenarm des heiligen Ganges, an dem ganz nach Hinduart gebetet wird. Angereichert mit ungefilterten, giftigen Abwässern der Industrie, Tierkadavern und Fäkalien hat der Fluss außer der religiösen keine Reinheit mehr. In den tausenden Slums der Stadt herrscht materielle Not, ausgezehrte Rikschamänner prägen das Stadtbild. Nur noch hier in Kolkata ist es erlaubt, die Fahrgäste mit bloßen Beinen durch die Straßen zu ziehen, vorbei an viktorianischen Prachtbauten, die durch Abgase zersetzt werden. Warum also zum Teufel »Stadt der Freude«?

Richten wir den Blick auf die Bewohner – denn wer sonst gibt einer Stadt das Gesicht? Es mag verwirren ob der Zustände, doch elektrisierend ist der Spaziergang durch die Straßen, eine wohlige Gänsehaut verursachend. Breite Avenuen, enge Bazare, viktorianische Bauten, verfallene Stadtvillen, dazwischen Menschen aller Kasten und Religionen, die beweisen, dass auch ohne materiellen Wohlstand ein positives Lebensgefühl möglich ist. Dafür und für ihre Freundlichkeit sind die Bengalen im ganzen Land bekannt.

Stolz sind die Bewohner auf den kulturellen Reichtum der Stadt. Über 1.000 Theatergruppen, zig Filmclubs und das größte Museum des Landes sind hier zu Hause, und Film- und Musikfestivals ziehen jährlich Hunderttausende Besucher an. Ein Paradies auf Erden ist Kolkata sicher nicht – aber einen Besuch wert allemal.

Kolonialgeschichte

Königin Victoria – Kaiserin von Indien

Doppeldecker und mächtige Bauten im viktorianischen Stil sind Reminiszenzen an die britische Kolonialherrschaft. Weitere Überbleibsel und gemeinhin positiv bewertet sind die Eisenbahn, Post und Telegraphie, das Verwaltungssystem, Bibliotheken, Museen, Cricket und die englische Sprache.

Der Preis für diese kulturellen und technischen Errungenschaften war hoch, denn auf der Negativseite stehen wirtschaftliche Ausbeutung, Behinderung der indischen Industrie, Schaffung einer landlosen Bauernklasse, Armut, Hunger und Unterdrückung.

Die Handelsgesellschaft Britische Ostindien-Kompanie war bereits 1661 von Karl II. mit Zivilgerichtsbarkeit und Militärgewalt ausgestattet worden. In der zweiten Hälfte des 18. Jahrhunderts unterwarf die Britische Ostindien-Kompanie weite Teile Indiens, und wo sie nicht direkt die Macht übernahm, dienten Beamte der Ostindien-Kompanie den Landesfürsten als Berater. Die anderen europäischen Kolonialmächte Portugal, Niederlande und Frankreich waren weitgehend beseitigt worden. Loyale Fürsten behielten Staaten mit begrenzter Souveränität wie Mysore oder Kaschmir. 1857 erhoben sich Teile der Bevölkerung Nordindiens im Sepoy-Aufstand gegen die Herrschaft der Ostindien-Kompanie, die das Land skrupellos ausbeutete. Nach der Niederwerfung des Aufstandes verlor die Kompanie ihre Machtbefugnisse und Indien wurde der direkten Kontrolle Großbritanniens unterstellt. Königin Victoria von Großbritannien trug ab 1876 den Titel »Kaiserin von Indien«.

Mit der Gründung des Indischen Nationalkongresses 1885 wurde die britische Kolonialherrschaft direkt infrage gestellt. 1906 wurde die Muslimliga als Interessensvertretung der Muslime gegründet. Während sich im Land die Stimmen für eine Unabhängigkeit mehrten, kämpften indische Soldaten in beiden Weltkriegen für die britische Krone.

Der gewaltfreie Widerstand gegen die britische Kolonialherrschaft, vor allem unter Mahatma Gandhi und Jawaharlal Nehru, führte 1947 zwar zur Unabhängigkeit des Landes,

gleichzeitig verfügte die britische Kolonialmacht aber die Teilung der Kolonie in zwei Staaten: Indien und Pakistan. Die Briten erfüllten damit die seit den 30er Jahren lauter werdenden Forderungen der Muslimliga und ihres Führers Ali Jinnah nach einem eigenen Nationalstaat mit muslimischer Bevölkerungsmehrheit. Die Folgen der Staatentrennung waren dramatisch. Hindus flohen aus den pakistanischen Gebieten und Muslime aus den indischen Regionen. Eine Million Tote und 13 Millionen Vertriebene standen am Ende des friedlichen Befreiungskampfes Gandhis.

78 Kommunikation

Yes? No?

Verwirrte Blicke bei Touristen, wenn sie das erste Mal mit der indischen Art der Bejahung bzw. Verneinung in Kontakt kommen.

»Ist das der Weg zum Bahnhof?«

Als Antwort folgt ein mehrmaliges, seitliches Schlenkern des Kopfes nach rechts und links.

»Nein?«

Abermaliges Schlenkern.

»Ja?«

Wieder wird der Kopf geschlenkert.

Der Tourist ist total verwirrt und beschließt, den nächsten Passanten zu fragen, der aber auch nur den Kopf in einer Art Acht hin und her bewegt. Was heißt dies nun? Ja – es heißt Ja! Leider sieht das Nein sehr ähnlich aus, fällt aber in der Ausführung knapper aus. Eher ein kurzes Zucken mit dem Kopf. Mit guter Beobachtungsgabe lernt man das *Ja* und das *Nein* zu unterscheiden. Bis dahin heißt es: viel Glück!

Nicht Glück, sondern Geduld und Gleichmut wird dagegen benötigt, um der Kontaktfreudigkeit der Inder zu begegnen, die den Blickkontakt geradezu suchen. Dabei ist es oft eher eine Art Starren als ein Blicken. Das ist nicht immer angenehm, doch nicht vermeidbar. Was hilft? Nichts. Weder zurückstarren noch hindurch- oder vorbeischauen, weder Ignoranz noch Reaktion. Doch neben dieser nonverbalen gibt es noch die gesprochene Kontaktaufnahme. *Which country? What is your name?* Je nach Englischkenntnis werden diverse Fragen heruntergerattert und die Antworten freudig entgegengenommen. Distanz? Grenzen? Privatsphäre? Keine Chance.

In Indien gibt es bei weitem weniger Privatleben als bei uns, damit sollte man sich arrangieren. Aber die indische Gesprächsfreudigkeit ist ja auch großartig. Wenn Sie den Spieß einfach umdrehen und Ihr Gegenüber ausfragen, erhalten Sie Einblicke in die indische Kultur, die Ihnen so lebensnah kein Buch vermitteln kann. Spontane Einladungen zum Tee inklusive.

Kondome

I am the condom friend, ever useful to you

Schon seit Jahren wird *»familiy planning«* von der indischen Regierung propagiert. Mit 1,2 Milliarden Einwohnern ist Indien nach China das bevölkerungsreichste Land der Erde. Die Überbevölkerung ist eines der dringlichsten Probleme des Landes.

Die Kleinfamilie ist das staatlich gewünschte Familienmodell der Zukunft und deshalb finden vor allem auf dem Land Infoveranstaltungen über Verhütung statt, da gerade hier Empfängnisschutz meist kein Thema ist. Auch wenn der Absatz von Kondomen gestiegen ist, liegt das nicht an der Akzeptanz von Verhütung.

Etwa drei Viertel der Kondome werden zweckentfremdet. Dabei wäre die Benutzung gerade heute, wo 2,4 Millionen Inder mit dem HI-Virus infiziert sind, wichtiger denn je. Verwendet werden die Kondome gerne in Webereien bei der Herstellung von *Saris*, da die Holzschiffchen durch das Gleitmittel der Kondome wesentlich schneller durch die Webstühle gleiten. Außerdem dienen sie als Wasserbehälter, im Straßenbau, wo sie dem Teer beigemengt werden, um die Straßenoberfläche zu glätten, oder bei der Dachdeckung als Schutz gegen heftige Monsunfälle.

Doch man bleibt nicht einfallslos, um die Verwendung von Kondomen für die eigentliche Bestimmung schmackhaft zu machen. So gibt es beispielsweise welche in der Geschmacksrichtung *Paan*, einem Kautabak aus Betelnussblatt, Kalk und Gewürzen, der auch bei Prostituierten sehr beliebt ist. Eine Anti-Aids-Organisation baute auf die akustische Werbung und brachte den kostenfreien Handy-Klingelton »*Condom a capella*« auf den Markt, in dem Sänger in allen Höhen und Tiefen »*con, con, condom …*« singen.

Aufsehen im prüden Indien erregte das Kondommusical der Firma Nirodh, in dem Männer in bunten Kondomverkleidungen über das Land tanzen und singend für die Verwendung der kleinen Gummitüten werben: *I am the condom friend, ever useful to you.*

నిర్భయ సరసక్రీడకు
USTAD
ఐదు రూపాయల నాణాన్ని వేయండి

Kontraste
Incredible India – unglaubliches Indien

Da hat sich die indische Tourismusbranche mit *»Incredible India«* einen passenden Slogan ausgedacht. Unglaublich, das ist Indien, mit all seinen Kontrasten und Facetten.

Wollte der Sloganerfinder mit Sicherheit die Vorstellung von märchenhaften Palästen und schönen Frauen in schimmernden Seidensaris hervorrufen, wird beim Besuch des Landes alles andere Unglaubliche sichtbar. Die märchenhaften Paläste sind eingerahmt von Bergen aus Müll, daneben leben in Lumpen gehüllte Obdachlose unter Planen. Es stinkt zum Himmel, weil es kaum Toiletten gibt und die Luft zum Schneiden dick ist.

Kaum ein anderes Land ist so kontrastreich. Es scheint, als würde Indien mit allem, was diese Welt zu bieten hat, aufwarten. Asketische Mönche meditieren in der Einsamkeit des Himalayas und bemühen sich um Erleuchtung, während die Oberschicht des Landes im Designerfummel in Restaurants verkehrt, wo der Preis für ein Glas Wein dem Monatslohn des Wachmanns an der Tür entspricht. Bollywood glitzert und blinkt mit all den schönen Stars und Sternchen – und auf den Straßen ist kein Funken Glimmer und Glanz mehr zu sehen vor lauter Armut und Dreck. In klimatisierten Cafés tippen Teenager in Jeans auf ihren Smartphones herum, während die Hausangestellte im *Sari* die Wäsche mit der Hand wäscht. Auf der Kreuzung vor dem Café treffen unterdessen die wiederkäuende, heilige Kuh, der vorbeistrampelnde Rikschafahrer und die Luxuslimousine aufeinander. Nur ein wenig weiter werden demütig Blumen dem Ganges dargebracht und ein Affengott hingebungsvoll verehrt, während das Land gleichzeitig eine Riege Spezialisten hervorbringt, die die ausgefeilteste Software der Welt erschafft.

Incredible India!

Korruption

Schmiergelder und Vetternwirtschaft

Schon während der Kolonialzeit klagten die Briten über Korruption in ihren eigenen indischen Behörden. Heute ist die Korruption in Indien sowohl in den Bundesstaaten als auch auf Regierungsebene allgegenwärtig.

Ob Wohnung, Führerschein, Firmengründung oder Reisepass – in Indien zahlt man für fast alles Schmiergeld. Jeder Inder bezahlt dafür im Jahr etwa 1.400 Rupien, das sind rund 20 Euro. Bei 1,2 Milliarden Indern kommt da eine stattliche Summe zusammen.

Auch in der Wirtschaft fließen Milliarden Rupien für illegale Geschäfte. Bei der Vergabe von Telefonlizenzen beispielsweise wurden 85 der 122 Lizenzen illegal verkauft und so Steuergelder in Höhe von über 30 Milliarden Euro von entsprechenden Behörden veruntreut. Ein Korruptionsskandal jagt den nächsten. Zurzeit sind es Bergbaulizenzen, die ohne öffentliche Ausschreibungen vergeben wurden, die dem indischen Staat laut Rechnungshof Verluste von über 207 Milliarden Euro bescheren.

Vor dem Hintergrund seit Jahren scheiternder Antikorruptionsgesetze trat 2011 ein Aktivist im Geiste Gandhis auf die Bühne, der ordentlich Wind aufwirbelte. Anna Hazare ist Mitte Siebzig und ein hungerstreikender Kämpfer gegen die Korruption. Er und seine Anhänger haben erreicht, dass das Thema in die Öffentlichkeit gerückt ist. Unterstützt werden sie dabei von den indischen Medien und Berichten z. B. über Politiker und Geschäftsleute, die 1,4 Billionen US-Dollar auf ausländische Konten, vor allem in die Schweiz, verschoben haben sollen.

Mit Anna Hazare und seinen Anhängern keimt Hoffnung auf, dass Korruption und Vetternwirtschaft ein Riegel vorgeschoben wird – der Wille der Politik wird letztendlich entscheidend sein.

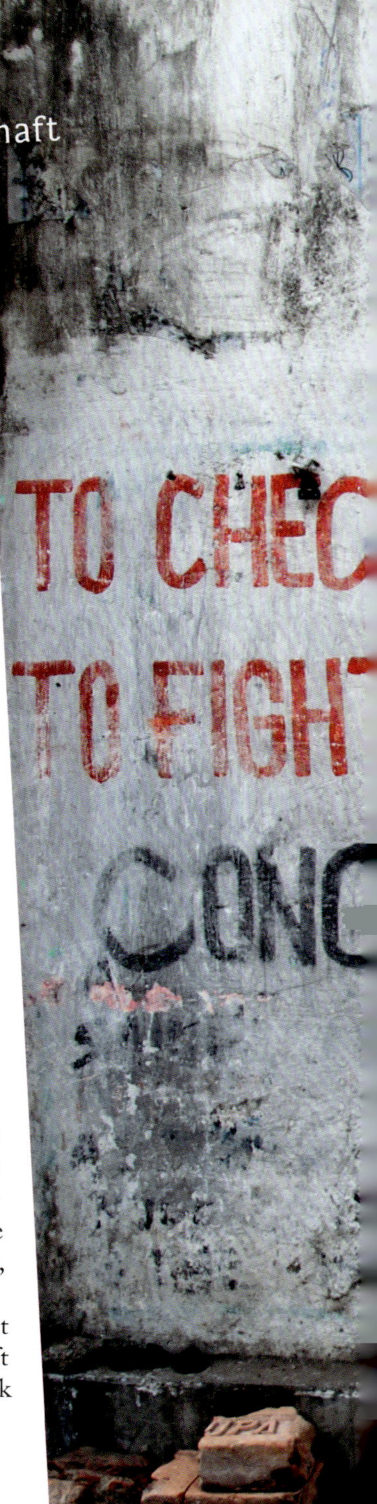

THE PRICE RISE OF
AGAINST THE
AND
PROF. NARAYAN

82

Krishna

Blauer Hirtengott

Krishna ist einer der wichtigsten Götter Indiens. Der achte Avatar Vishnus ist leicht zu erkennen: Seine Haut ist komplett blau und in seiner Hand hält er eine Flöte.

Ein Onkel Krishnas, der unrechtmäßig den Thron bestiegen hatte und dem geweissagt wurde, er werde vom achten Kind seiner Schwester umgebracht, lässt daraufhin alle ihre Kinder töten. Durch einen Trick wird Krishna, das achte Kind, in Sicherheit gebracht. Statt am königlichen Hofe wächst er nun bei einer armen Frau am Rand von Kuhweiden auf. Als Hirtenjunge treibt er schelmische Streiche mit den *Gopis*, den Hirtenmädchen, die ihm allesamt verfallen sind. Eine beliebte Darstellung zeigt, wie er sich mit den Kleidern der badenden Mädchen davonstiehlt.

Seine Liebe gewinnt Radha, eines der Hirtenmädchen, die als die Inkarnation von Lakshmi gilt, die Göttin der Schönheit und des Glücks. Diese Verbindung und die unerfüllte Liebe der Hirtenmädchen stehen als Symbol der Liebe Gottes zum Menschen und der sehnsuchtsvollen Liebe der Menschen zu Gott.

Die Krishna-Verehrung ist eine sehr emotionale Form der Verehrung Gottes, die sich in Hingabe und bedingungsloser Liebe zu Gott ausdrückt. Im modernen Zeitalter kommt Krishna per TV-Serie nach Hause. Sehr zur Freude der Kinder, die Krishna und seine Streiche lieben. Selbst Bollywood nutzt die Beliebtheit des blauen Gottes und verfilmt regelmäßig Legenden rund um sein Leben.

DIGITAL
dts
SOUND
శ్రీరామరాజ్యం
యలమంచిలి సాయిబాబు
బాపు
ముళ్లపూడి వెంకటరమణ
ఇళయరాజా

Küche

Scharf, würzig und lecker

Palak Paneer, Malai Kofta und Chicken Curry steht auf jeder Speisekarte eines indischen Restaurants, ob in Cottbus, Braunschweig oder München. Dass aber das Einerlei des Angebots nur einen winzigen Prozentsatz der Küche des Subkontinents darstellt, wissen nur diejenigen, die bereits in Indien waren und sich dort durch das Land und die regionalen Speisekarten bewegt haben.

Indisches Essen in aller Kürze abhandeln zu wollen, ist in etwa so, wie die Bandbreite der Gerichte Europas zu beschreiben. Je nach Region sind die Speisen ganz verschieden. Isst man in Kolkata den Fisch nach bengalischer Art in Senfsauce, wird er in Goa in sämiger Kokosnusssauce serviert. Im Süden liebt man *Masala Dosas*, dünne Teigfladen mit Gemüse gefüllt, im Norden kommt würziges Ziegen-Curry oder Hähnchen aus dem *Tandoor*-Lehmofen auf den Tisch.

Pickles und *Chutneys* sind wichtige Bestandteile einer Mahlzeit. Sie bestehen aus eingelegtem Obst oder Gemüse mit diversen Gewürzen und können süßlich bis höllenscharf sein. *Raita*, mild gewürzter Joghurt mit Gurke oder Ananas, bringt Abhilfe, wenn der Mund brennt. Vorsicht: Bestellt man *»a little bit spicy«*, bekommt man vielleicht das Schärfste, was man je gegessen hat.

Zum Thema *Streetfood:* Meidet man es aus Angst vor Durchfallerkrankungen, verpasst man kulinarische Highlights. Am besten probiert man die Snacks der Stände, die besonders gut besucht sind. Das Wagnis lohnt sich, denn die *Foodstalls* bieten wieder ganz neue Geschmackserlebnisse und Speisen, die in Restaurants nicht auf der Karte stehen.

31 Kühe
Heiligkeit mit Hörnern

Kommt der indische Verkehr zum Erliegen, liegt das nicht selten an einer Kuh, die mitten auf der Straße steht und nicht gewillt ist, sich zu bewegen. Hilft kein Hupen, wird Körperkraft eingesetzt und der Störenfried zur Seite geschoben. Die Kuh hat fast überall eine Art Hoheitsrecht auf indischen Straßen. Dass sie heilig ist, dürfte bekannt sein, doch warum eigentlich?

In der indischen Mythologie wird die Kuh mit dem Gott Krishna in Zusammenhang gebracht. Dieser wuchs als Hirtenjunge unter den Paarhufern auf und wurde von ihnen genährt. Bereits in den alten hinduistischen Schriften wird die Kuh als Göttin und Erfüllerin von Wünschen erwähnt. Ihre religiöse Bedeutung spiegelt sich in der Wichtigkeit ihrer Produkte wieder. Butterschmalz, *Ghee* genannt, als Beschleuniger für das Feuer und Joghurt als Opferspeise müssen Bestandteile einer *Puja*, eines hinduistischen Verehrungsritus, sein. Aber nicht nur für die Hindureligion, sondern auch für die Wirtschaft spielt die Kuh eine große Rolle. *Ghee* wird als Lampenöl und zum Kochen verwendet, getrockneter Kuhdung dient als Brennmaterial, und in einigen Regionen wird Kuhurin als Wundermittel gegen Krankheiten aller Art verkauft. Neuerdings ist sogar ein Softdrink auf der Basis von Kuhurin auf dem Markt, der Coca Cola und Pepsi Konkurrenz machen will.

Auch wenn es bei einer kleinen Minderheit der westlich orientierten Oberschicht hip ist, Rindfleisch zu essen, lehnen fast alle Hindus den Verzehr des heiligen Tieres ab. Dementsprechend haben die indischen McDonald's Filialen auf Rindfleischburger verzichtet. Stattdessen gibt es dort den *»Chicken Maharaja-Mac«* und vegetarische Burgergerichte.

Delhi beschloss, die freilaufenden Tiere einfangen zu lassen. Zu schmutzig und störend, zudem gefährlich für den Verkehr und eine Schande für das aufstrebende Land, so lautete die Anklage gegen die heiligen Kühe. Seitdem jagen 165 Kuhfänger in Delhi die illegalen Tiere, digitalisieren sie mit einem Mikrochip und bringen sie in staatliche Tierheime. Dies stößt auf Widerstand. Streng religiöse Hindus, Inhaber illegaler Molkereien, Milchtrinker und nicht zuletzt die Milch-Mafia, die von dem illegalen Geschäft profitiert, machen den Kuhfängern das Leben schwer – Angriffe sind nicht selten. Viele eingefangene Kühe erlangen auf Druck der Milch-Mafia wieder ihre Freiheit, was dafür sorgt, dass die heiligen Vierbeiner wohl auch zukünftig zu Delhis Straßenbild gehören werden.

veta

Kuhfladen

Heilige Hinterlassenschaft

Kühe, das weiß fast jeder, sind für Hindus heilig. Weit weniger ist über das bekannt, was hinten rauskommt: den vielseitig einsetzbaren Kuhfladen.

Da ihm eine reinigende Wirkung zugeschrieben wird, haben indische Frauen traditionell die Böden ihrer Hütten mit einer dünnen Schicht Kuhmist bedeckt. Ob Stadt oder Land, die tierischen Überbleibsel sind unübersehbar. Häuserwände und Mauern sind mit einem dunkelbraunen Relief verziert. Sieht man genauer hin, entpuppen sich die Verzierungen als dicht aneinandergereihte, an der Wand klebende Fladen. Sie trocknen hier, um später als Brennmaterial zum Kochen und Heizen verwendet werden zu können.

Neben der Verwendung als Brennstoff dient Kuhdung wegen seiner antibakteriellen und desinfizierenden Wirkung als Basis für zahlreiche Heilmittel. Es gibt eigens auf die tierischen Exkremente spezialisierte Forschungslabors, die sich der Herstellung medizinischer Präparate widmen. Dabei wird der getrocknete Dung erhitzt und das entstandene Pulver mit verschiedenen Kräutern angereichert. Sogar Zahnpasta, Shampoos, Seifen und Anti-Mückenspiralen werden aus den Hinterlassenschaften der heiligen Wiederkäuer hergestellt.

Der Kuhmist selbst ist auch ein Exportschlager: Da für manche religiösen Rituale der Kuhdung unerlässlich ist, liefert ein findiger Geschäftsmann getrockneten Dung duftend angereichert mit Kampfer, Gelbwurz und Sandelholz und portionsweise abgepackt in alle Welt. So können Hindus mit echt indischem Kuhfladen ihre religiösen Rituale fern des Heimatlandes abhalten.

Kumbh Mela

Das größte religiöse Fest der Welt

Ein Blumenmeer, Millionen nackte Pilger, Rauchschwaden und ein heiliges Bad. Die *Kumbh Mela* ist ein unvergleichliches Spektakel.

Die Legende besagt, dass beim Kampf der Götter mit den Dämonen um *Amrita*, den Nektar der Unsterblichkeit, vier Tropfen an vier Orten auf die Erde fielen: in Allahabad, Haridwar, Nashik und Ujjain. Die Götter kämpften zwölf Tage mit den Dämonen, was zwölf Menschenjahren entspricht, bis Garuda, das Reittier Vishnus, mit dem göttlichen Trank davonflog.

Verteilt auf die vier Städte, findet alle drei Jahre eine *Kumbh Mela* statt. Doch *Kumbh Mela* ist nicht gleich *Kumbh Mela*. Es gibt fünf Arten des Festes, die alle drei, sechs, zwölf und 144 Jahre stattfinden. Die Wichtigste ereignet sich nur alle 144 Jahre in Allahabad, wenn Sonne, Mond und Jupiter in einer bestimmten Konstellation zueinander stehen. Die letzte dieser *Mega-Melas* besuchten im Jahr 2001 etwa 100 Millionen Pilger. Ein Phänomen, das nach seinesgleichen sucht.

Am Hauptbadetag des 40 Tage währenden Festes stiegen 30 Millionen Badende ins Wasser. Ob Bauer aus Karnataka, Geschäftsmann aus Mumbai oder Asket aus dem Himalaya, sie alle reisten an, um ihre Seelen zu reinigen und *Samsara*, dem Kreislauf der Wiedergeburt, zu entkommen – nichts Geringeres verspricht ein Bad im heiligen Fluss in diesen Tagen. Tausende Polizisten waren im Einsatz, um die teilweise rivalisierenden Orden an Kämpfen zu hindern und den Terrordrohungen radikaler, muslimischer Organisationen zu trotzen. Hunderte Kilometer Strom- und Wasserleitungen wurden verlegt, knapp 100 Kilometer Straßen und 15 Brücken gebaut, 200.000 Toiletten, 17.000 Straßenlaternen und über 50 Feuerwehr- und Polizeistationen errichtet, um einen reibungslosen Ablauf zu garantieren.

Beeindruckend sind die *Sadhus*, die zu jeder *Mela* aus ganz Indien kommen. Mit einem Lendenschurz oder auch ganz nackt, bemalt, mit Asche eingerieben und spitzem Dreizack bestückt, feiern sie die glückverheißenden Tage in Zeltstädten, von denen die Rauchschwaden tausender Lagerfeuer und *Chillums* aufsteigen.

87 Kushti
Wrestling auf Indisch

Das fahle Morgenlicht erhellt den dunkelbraunen Erdboden, auf dem zwei Männer in roten Lendenschurzen vor einem Schrein stehen. Mit gefalteten Händen verbeugen sie sich vor einer kleinen orangenen Statue des Gottes Hanuman, dann gehen sie aufeinander zu – in Angriffshaltung.

Sie klopfen sich auf die Hüften, ein Zeichen, dass der Kampf beginnen kann. Beide sind blitzschnell ineinander verwoben, greifen nach Arm, Bein oder Fuß und versuchen, ihr Gegenüber kampfunfähig zu machen. Unter größter Anstrengung winden sich die Körper im Klammergriff des jeweils anderen. Plötzlich erstarren sie einen Moment, als läge die Welt eine Pause ein, bevor ein Kämpfer durch die Luft fliegt und auf den Boden knallt. Ihre geschmeidigen muskulösen Körper sind voller Erde, die sie sich lachend gegenseitig abklopfen.

Die beiden sind *Kushti*-Ringer und üben eine alte Form des indischen Wrestlings aus. Im 16. Jahrhundert brachten die Moguln die persische Form des Wrestlings, *Varzesh-e pahlavani*, nach Indien und verbanden sie mit dem südasiatischen *Malla-Yuddah*, woraus das heutige *Kushti* entstand. Seither ist Hanuman, der Affengott, der göttliche Beistand der Ringer und wird in den *Akharas*, den Ringerschulen, vor jedem Training und jedem Kampf verehrt.

Indisches Wrestling ist weit mehr als ein Sport, in dem es lediglich ums Kräftemessen geht. Im ursprünglichen Sinne ist es eine Lebenshaltung. Enthaltsamkeit, Disziplin und Moral sind wesentliche Bestandteile des asketischen Lebensstils. Der Sport ist ein Opfer an die Welt der Götter. Er ist mit der Suche nach Harmonie zwischen Menschen und Göttern verknüpft.

Jedem *Akhara* steht ein Guru vor. Er legt die Regeln des Platzes fest, ist als Trainer für die Sportler da und wird von ihnen verehrt. Oft sind es ehemalige Champions, die diese *Akharas* leiten. In früheren Zeiten waren indische Wrestler enthaltsam und lebten gemäß den Anweisungen des spirituellen Lehrers der Ringerschule. Heutzutage können sich die jungen Sportler ihren Familien kaum widersetzen, heiraten und gründen eigene Familien. Deshalb kommen sie frühmorgens vor der Arbeit, um zwei oder drei Stunden zu trainieren.

Es gibt traditionelle *Akharas*, die noch nicht zu modernen Wrestlingschulen mit Matten geworden sind, doch sie werden seltener. Wie so vieles in den modernen Zeiten Indiens könnten sie letztlich ein Opfer des neuen Zeitgeistes werden.

Land
Arm und traditionsbewusst

Der Unterschied zwischen dem Leben in einer Metropole wie Mumbai und in einem indischen Dorf könnte größer kaum sein.

Das Leben auf dem Land, wo noch die Jahreszeiten den Rhythmus vorgeben, unterliegt keinen schnellen Veränderungen. Moralvorstellungen sind noch so intakt wie vor 100 Jahren. Da können noch so viele Mädels in Mumbai im Mini herumrennen und Partys feiern, auf dem Dorf wacht das Argusauge über die Unschuld der Dorfmädchen.

Das Leben auf dem Land ist traditionell. Das hat gute und weniger gute Seiten. Ist ein Nachbar in Not, hilft man ihm ganz selbstverständlich. Gehört er allerdings der »falschen« Kaste an, wird er auf dem Land häufiger als in der Stadt diskriminiert. Brennende Hütten von Unberührbaren sind keine Seltenheit, die Brandstifter meist einer höheren Kaste angehörig. Auch Aberglaube und religiöse Riten werden stärker ausgelebt. So wie auf dem Land die Knappheit herrscht – man verdient wenig und andererseits gibt es wenig, was zu kaufen wäre.

Die Jugend zieht es in die Städte. Da ist das Leben aufregender und verspricht mehr Wohlstand. Trotz Landflucht leben allerdings im Moment noch über 70 Prozent der Inder im Ländlichen. Indien ist ein Reich der Dörfer. Hier schlägt das alte Herz des Bäuerlichen seit Jahrtausenden nahezu unverändert.

Lassi

Mango, Banane, Papaya und Bhang

Lassis sind erfrischende Joghurtgetränke, die es in den Varianten süß, salzig und neutral gibt. Besonders beliebt sind *Lassis*, die pürierte Früchte enthalten. Die *Lassi*-Top 10 der Touristen dürfte von der Geschmacksrichtung Mango angeführt werden.

Seltener und nicht unbedingt jedermanns Sache sind *Bhang-Lassis*, die bei bestimmten Festen wie *Shivaratri*, der »Nacht des Shiva«, und in einigen Gegenden von Jung und Alt konsumiert werden. Da diese *Lassis* Hanfblätter und -blüten beinhalten, geht die Wirkung weit über die reine Durstlöschung hinaus.

Einige Städte sind für ihre *Lassis* überregional bekannt, wie beispielsweise Varanasi. Sollten Sie dorthin reisen, dann besuchen Sie unbedingt das *Blue Lassi*, das vor allem bei japanischen und koreanischen Touristen den Ruf genießt, das weltweit beste *Lassi* zuzubereiten. Hier bekommen Sie das im Laden frisch hergestellte Joghurtgetränk aus kleinen traditionellen Wegwerf-Tongefäßen in ungewöhnlichen Kombinationen. Wie wäre es z. B. mit einem Granatapfel-Kaffee-*Lassi?* Der beflügelt sie mindestens genauso wie ein *Bhang-Lassi*.

90 Laufrikschas

Barfuß auf heißem Asphalt

Müde sieht Gautam aus – er sitzt auf der Bank seiner Laufrikscha, die nackten Füße im Staub, und klingelt mit seiner Messingglocke, um neue Fahrgäste zu gewinnen.

Seit 16 Jahren zieht er die, die es sich leisten können, durch Kolkata. Dabei hatte er sich alles anders ausgemalt, als er damals aus seinem Dorf aufbrach und in die Stadt ging, um sein Glück zu suchen. Jetzt ist er 36, seine Knochen tun weh und knacken hörbar. Zwei Frauen kommen schwer bepackt mit Tüten und setzen sich auf die Sitzbank. Gautam zieht das Gefährt auf den großen Holzrädern einige Schritte vorwärts, bis er genug Schwung hat und losrennt – hinein in Kolkatas Durcheinander.

Ständiges Ausweichen und Lavieren durch die Lücken, die sich in kurzen Zeitfenstern in dem dröhnenden Verkehr öffnen, aber auch schnell wieder schließen. Es ist ein Chaos aus ständig hupenden Autos, Lastwagen und Motorrädern, die schwarze Abgaswolken ausspeien und zwischen denen Gautam wie ein menschliches Lasttier hastet. Sein ausgezehrter Körper und seine kaputten Knochen und Gelenke werden ihn den Job nicht mehr lange machen lassen. Aber was dann?

Nur in Kolkata gibt es sie immer noch – Laufrikschas, die von Menschen gezogen werden. Das simple Gefährt aus einer Sitzbank auf großen Holzreifen und zwei Zugstangen wurde 1919 von den Briten als offizielles Verkehrsmittel eingesetzt und ist seit Jahren umstritten. Immer wieder versuchten Politiker, die »Schandflecke« der Stadt abzuschaffen, um jedes Mal daran zu scheitern, wenn auch mit dem Erfolg, deren Zahl zu verringern. Wie viele Laufrikscha-Männer es in Kolkata gibt, weiß keiner. Zwischen 18.000 und 35.000 sind es wohl, die mit jedem erneuten Versuch der Politiker, die Fahrzeuge abzuschaffen, um ihre Lebensgrundlage bangen müssen. Viel verdienen sie nicht – zwischen einem und zwei Euro am Tag bringen zehn Stunden Arbeit, was für den Lebensunterhalt und die Miete der Rikscha reichen muss.

Durch die Arbeitsumstände und eine mangelhafte Ernährung sind ihre Gesichter hager und die Körper ausgezehrt. Viele von ihnen kamen vom Land nach Kolkata, um der Armut zu entfliehen. Doch was ihnen die Hauptstadt Westbengalens bietet, ist oft nichts anderes als eine Arbeit als Rikscha-Zieher. Eine Arbeit, die sie wie Gautam schnell altern lässt und ihre Körper ruiniert. Das barfüßige Ziehen der schweren Gefährte, in denen auch mal eine ganze Kleinfamilie Platz nimmt, wird zur schmerzhaften Tortur. Nur zur Monsunzeit haben die Laufrikschas Hochkonjunktur. Wenn die Straßen knietief unter Wasser stehen und für die anderen Fahrzeugen ein Durchkommen kaum möglich ist, schnellen die Fahrpreise der Laufrikschas nach oben und keiner muss sich um Fahrgäste sorgen. Sogar mancher Politiker, der sich für die Abschaffung der Laufrikschas einsetzt, wird zur Regenzeit in ihnen gesichtet.

Lautstärke
Geräusche einer Stadt

Ein Tag in einer indischen Stadt beginnt geräuschvoll und geht gleichermaßen zu Ende. Auch die Nachtruhe verdient ihre Bezeichnung nicht zwangsläufig. Es erschließt sich schnell, was die tagsüber schlafenden Hunde des Nachts treiben – laut bellend das Revier verteidigen. Graut der Morgen, mischen sich die Gesänge des Muezzins mit denen aus hinduistischen Tempeln – eine Art Anpfiff.

Weil es als gesund gilt, den Rachen von Schleim zu befreien, wird ab Sonnenaufgang hörbar gegurgelt, geröchelt und gespuckt. Schließlich mischt sich das Geklapper von Teekesseln und Geschirr mit einem lauter werdenden Stimmengemurmel. Setzt der Verkehr erst richtig ein, ist es endgültig vorbei mit der Nachtruhe. Vor allem das Hupen in allen Nuancen, gemischt mit dem Klingeln der Fahrräder und dem Geknatter der Motoren gibt dem Tag seinen beharrlichen Klangteppich.

Mäße man vom All aus die Geräusche der Welt, dürfte aus Indien ein lauter Misston zu hören sein, während aus Nordeuropa Friedhofsstille käme. Und da die Inder ein kommunikatives Volk sind und geschäftstüchtig dazu, hallen an manchen Tagen die unzähligen Angebote in den eigenen Ohren nach – Angebote von Rikscha- und Taxifahrern, Hoteliers und Shop-Besitzern, ihren Fragen, ob man nicht einen *Sari*, Seide, Souvenirs, Socken oder sonst etwas kaufen will. Dazu kommen unbedarft gestellte Fragen nach Name oder Herkunftsland und das »*Hello!*« dutzender Kinder, die gerne Rupien, Stifte, Schokolade oder Kekse hätten. Lautsprecher, etwa bei politischen Reden oder Festen, werden so ohrenbetäubend laut eingestellt, dass man beim Passieren Angst vor Tinnitus und Taubheit bekommt.

Indien ist wirklich kein leises Land. Bei der Geburt von Babys machte man früher einen Heidenlärm, um die Frischgeborenen auf den unausweichlichen indischen Krach vorzubereiten. Für westliche Ohren bleibt es laut, zumindest in der Stadt.

92 Lebensphasen

Vom Kind zum Wandermönch

Im alten Indien setzte man für eine Lebensspanne 100 Jahre an und unterteilte diese in vier Phasen von je 25 Jahren Dauer.

Der erste Abschnitt ist die Kindheit und Schulzeit, während Körper und Geist heranreifen und geformt werden. Die nächste Phase beginnt mit dem Einstieg ins Berufs- und Familienleben. In dieser Zeit soll über die Beziehung und das Berufsleben der Charakter geformt werden. Der dritte Abschnitt dient der Besinnung. Über einige Jahre hinweg wird der Eintritt in den Ruhestand vorbereitet. Während man sich vom Berufsleben löst, bereitet man auch die Trennung vom Partner vor, um die vierte Phase, die der Entsagung und Gottessuche, einzuläuten. Dies geschieht entweder in der Einsamkeit als Wandermönch oder in einer klosterähnlichen Gemeinschaft, in einem *Ashram*.

Heute haben diese vier Phasen weit weniger Bedeutung, doch nicht wenige Männer folgen noch diesem alten hinduistischen Lebensplan. Sie geben mit 50 oder 60 ihr gut laufendes Geschäft auf und lassen das Eheleben, sämtliche weltliche Freuden und Annehmlichkeiten hinter sich, um sich ganz dem religiösen Leben zu widmen.

PATAKA
TEA

Lingam
Geschlechtsorgane aus Eis und Stein

Shiva, Gott der Zerstörung, Schöpfung und Erneuerung, wird von den meisten *Sadhus*, den heiligen Männern, verehrt. Wichtigstes Kultbild für die Shivaiten ist das *Lingam*, ein phallisches Symbol, das in jedem Shivatempel steht.

Mit Milch, Wasser oder Butterfett übergossen und mit Blumen bestreut wird über die *Lingam*-Verehrung Shiva gehuldigt. Allerdings wird nicht der erigierte Penis von Shiva verehrt – Shiva steht hier schlicht für die Existenz Gottes in allen Dingen.

Es gibt Abertausende dieser *Lingams*, in Tempeln oder unter freiem Himmel, naturgeformt oder handgefertigt, in allen Größen und aus verschiedenen Materialien.

Für die Shivaanhänger sind zwölf von ihnen besonders wichtig, die *Jyoti Lingams*, die eine Lichtsäule, in der Shiva einst erschienen sein soll, repräsentieren. Ihre Standorte liegen in ganz Indien verteilt, der zwölfte *Jyoti Lingam* befindet sich in Nepal. Die Orte der *Jyoti Lingams* sind bekannte Wallfahrtszentren, Hunderttausende pilgern jährlich dorthin. Manche sind spektakulär, wie z. B. ein Eis-*Lingam* im Himalaya, der sich zyklisch zu einer Eissäule ausbildet und bei Tauwetter wieder verschwindet.

In den Tempeln steht meist eine steinerne Kombination aus *Lingam* und *Yoni*, die als Gegenstück zum phallusartigen *Lingam* für das weibliche Geschlecht steht und die Flüssigkeiten, mit denen der *Lingam* übergossen wird, auffängt und ableitet. Aber genauso wenig, wie es bei der *Lingam*-Verehrung um einen Phalluskult geht, ist mit der *Yoni* gegenständlich das weibliche Geschlecht gemeint. Hier eint sich das göttliche Bewusstsein hinter allen Dingen, für das Shiva steht, mit dem schöpferischen Prinzip, der weiblichen Energie der Shakti-Gottheit. Deshalb ist für Shivaiten bestimmter Strömungen nur in der Verbindung von Shiva und Shakti, dem männlichem und dem schöpferischen weiblichen Prinzip, dem Bewusstsein und der Kreation, Leben möglich.

Malerei

Nicht nur Relikt alter Zeiten

Eine ruhige Hand brauchen die Miniaturmaler seit jeher, die mit feinsten Pinseln Szenen aus dem höfischen Leben der Moguln nachempfinden. Die Geschichte der Miniaturkunstwerke ist alt. Sie begann im 12. Jahrhundert mit der Malerei auf Palmblättern, entfaltete sich mit der Papierherstellung weiter und erreichte ihre volle Blüte zwischen dem 16. und 18. Jahrhundert.

Der sogenannte rajputische Stil an den Herrscherhäusern in Rajasthan übernahm Elemente aus dem Mogulstil und ergänzte ihn durch eigene Inhalte, beispielsweise durch Symbole, die bestimmte Situationen oder Gegenstände versinnbildlichen. So steht ein Pfau Pate für den Monsun.

Obwohl sich die Malerei zuerst an den Herrscherpalästen entfaltete, war sie nicht nur den Herrschenden vorbehalten. Vor allem auf dem Land findet man häufig auch Malereien an den Hauseingängen.

Was viele Kunstliebhaber nicht wissen – Indiens moderne Malerei ist ein Bestandteil des internationalen Kunstmarktes geworden und die Werke moderner Maler erzielen in den renommierten Auktionshäusern Beträge in Millionenhöhe. Die begehrtesten Werke stammen von der Künstlergruppe *Progressive Movements*, die sich nach der Unabhängigkeit 1947 gründete und vom Expressionismus inspiriert ist. Die zweite und dritte Künstlergeneration nach der Unabhängigkeit verknüpfen den Formalismus der Postmoderne mit indischen Themen. Moderne indische Kunst hat sich ihren festen Platz im Kunstmarkt erobert. Ein Nischendasein muss sie nicht mehr führen.

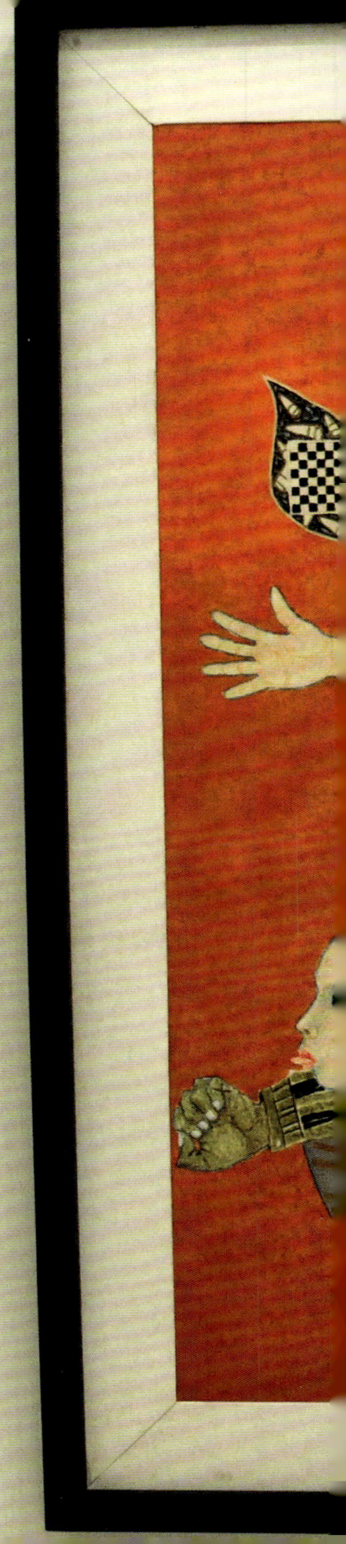

TERRO
COHOL

95

Märkte

Einkaufen unter freiem Himmel

Es ist bereits dunkel in den Gassen, doch hier hinten schimmert noch Licht. Im Schein von Gaslampen sitzen Händler auf dem staubigen Lehmboden vor ihrem Gemüse, das auf Plastikplanen auf Käufer wartet.

Ungewohnt, das Bild eines nächtlichen Gemüsemarkts, der überraschend gut besucht ist für die späte Stunde. Das gelbe Licht verleiht der Szenerie einen ganz besonderen Charme, doch die Händler und Bauern sehen müde aus. Weil sie auf alle Einnahmen angewiesen sind, verkaufen sie bis spät in die Nacht ihre Waren.

Indien ist ein Land der Märkte. Ob vom Boden, vom Holzkarren oder von Tischen, der Verkauf unter freiem Himmel hat Tradition. Dabei beschränkt sich das Angebot nicht nur auf Obst und Gemüse. Je nach Markt werden Kleidung und Stoffe, Schmuck, Lebensmittel, Haushaltswaren oder sogar Möbel angeboten. Die Märkte sind exotisch: Frauen in bunten *Saris* tragen die Einkäufe auf dem Kopf, Männer im wickelrockartigen *Lungi* feilschen beim Gewürzstand, eine knochige weiße Kuh kaut auf Karton herum, von irgendwoher ertönt das Flötenspiel eines Schlangenbeschwörers, der damit seine Kobras zum Tanzen bringt, während ein halbnackter Ayurveda-Arzt den Puls eines Patienten fühlt. Wie leblos und langweilig ist es dagegen in einem westlichen Einkaufszentrum.

Erst seit wenigen Jahren gibt es als Folge des Wirtschaftsbooms Supermärkte und *Shopping Malls*, die im

Vergleich zu den Märkten menschenleer sind. Auf dem Markt ist der Einkauf eben wesentlich günstiger – zumal der Großteil der Marktbesucher vermutlich nicht einmal an den Einlasskontrolleuren der Shopping Malls vorbeikäme.

Mehndi
Vergängliche Tattoos

Ranken, Schnörkel, Arabeske – *Mehndis* zeigen meist geschwungene Muster. Vor allem zu Hochzeiten zieren sie Füße, Fesseln, Hände und die Unterarme der Braut.

In einer stundenlangen Prozedur wird *Henna*, eine Paste aus den Blättern des Hennastrauchs, kunstvoll aufgetragen. Besonders versierte Meisterinnen ihres Fachs mischen Extrakte anderer Pflanzen wie Teeblätter oder Kaffeepulver hinzu, um Farbeffekte zu erzielen.

Die orange- bis braunroten Resultate können sich sehen lassen: ornamentale, feine Verzierungen, von denen jeder Bestandteil eine bestimmte Bedeutung hat. Häufig werden kleine Symbole eingefügt, z. B. eine Lotusblüte als Zeichen für die Göttin Lakshmi, die zu Wohlstand und Gesundheit verhilft, oder ein Papagei als Zeichen für die Liebe.

Auch wenn die Kunst der Körperbemalung mit Henna schon sehr alt ist, etwa 5.000 Jahre, so ist die Haltbarkeit ziemlich kurz. Zunächst verblasst die Bemalung mit jedem Waschen – nach drei Wochen ist das Kunstwerk wieder komplett verschwunden.

97 Monsun
Heißersehnter Regen

Wenn im April und Mai die Böden rissig werden und die Temperaturen ins Unerträgliche steigen, wünscht sich jeder den Monsun herbei.

Im Juni kommt dann meist der ersehnte Regen, der von Süden Richtung Norden zieht. Erst im September werden die Regenfälle schwächer und versiegen im Oktober nahezu ganz. Aber nur weil Monsunzeit ist, regnet es nicht überall und andauernd. Kaschmir zum Beispiel liegt hinter abschirmenden Bergketten außerhalb der Monsunzone. Und selbst in den Regionen, in denen es am stärksten regnet, kommt die Sonne immer wieder zum Vorschein. Das verdampfende Regenwasser treibt die Luftfeuchtigkeit enorm in die Höhe und lässt alles, ob Hemden oder *Saris*, schweißnass werden.

Die Monsunzeit ist beliebt. Es ist kühler unter der graublauen Wolkendecke und man bleibt in dieser Zeit gerne zu Hause. Reisen plant man außerhalb der Regenzeit. Auf dem Land verwandeln sich trockene Staubwüsten in sattgrüne Wiesen. In den Städten ist es weniger angenehm, dort steht das Wasser schon mal kniehoch, und alles, was besser am Boden läge oder kröche, schwimmt herum. Auch alte Häuser fallen zuweilen in sich zusammen. Zu viele durchgestandene Monsunregen machen den Bauten teils schwer zu schaffen.

Monsunzeit heißt auch Moskitozeit. Von Mücken übertragene Krankheiten wie Malaria und Denguefieber haben Hochkonjunktur. Zum Fernhalten der penetranten Insekten gibt es neben Antimückencremes und Räucherspiralen immer mehr Chemiekeulen in Form von Spraydosen und Abwehrsteckern für die Steckdose. Letztere beseitigen zwar die Blutsauger, sind aber deshalb auch für denjenigen, der von Stichen verschont bleiben will, nicht gerade gesund. Besser man nächtigt während dieser Zeit unter einem Moskitonetz und freut sich beim Einschlafen hämisch, dass es die surrenden Biester nicht durchs Netz schaffen. Im besten Fall.

Mumbai

Bom Bahia, Bombay, Mumbai

Wellblechhütten und Wolkenkratzer, Müllsammler und Filmstars, Armut und Reichtum. Mumbai ist eine Stadt der Gegensätze. Sie gilt als Sinnbild für das indische Wirtschaftswachstum, ist Heimat von Bollywood, der größten Filmindustrie der Welt, und die reichste aller indischen Städte.

30 % des indischen Steueraufkommens werden im Großraum Mumbai erwirtschaftet. Zugleich leben über die Hälfte der 12,5 Millionen Einwohner in Slums. Die Trinkwasserversorgung und das kurz vor dem Kollaps stehende Verkehrssystem sind nur zwei der drängenden Probleme der Stadt.

Als die Portugiesen im 16. Jahrhundert landeten, bestand Mumbai aus sieben Inseln. »*Bom Bahia*« nannten die Eindringlinge aus Südeuropa die Inselgruppe, was »gute Bucht« bedeutet. 1661 ging das Gebiet als Mitgift einer portugiesischen Prinzessin an den englischen Thronfolger Karl II. über. Wenige Jahre später verpachtete er die Stadt an die Britische Ostindien-Kompanie, die dort eine Niederlassung eröffnete und dadurch den Grundstein für den Aufstieg zur Handelsmetropole legte.

Als 1860 die ersten Eisenbahnschienen Bombay, wie die Briten die Stadt nannten, mit dem Hinterland verband, wurde es zum »Tor nach Indien«. Als Pforte nach England diente der Hafen, der vor allem Hauptumschlagplatz für Baumwolle war. Bombay trug den an die Kolonialgeschichte erinnernden Namen 400 Jahre, bis die Stadtverwaltung 1996 eine Umbenennung in Mumbai entschied, nach der lokalen Göttin Mumbadevi.

Die *Boomtown* Mumbai wird seit den 90er Jahren immer wieder zum Ziel von Terroranschlägen. Sicherheitsexperten gehen davon aus, dass islamische Terrorgruppen, wie die *Lashkar-e-Toiba*, die von Pakistan aus operieren, hinter den gewalttätigen Aktionen stecken. Als Wirtschafts- und Handelszentrum und westlichste Stadt Indiens ist Mumbai das Ziel, mit dem sie Indien an der empfindlichsten Stelle treffen wollen.

Musik

Pop-, Volks- und klassische Musik

Die Musik der Straße sind die Songs aus den Bollywood-Filmen. Irgendwo zwischen langsamen Liebesschnulzen und hyperaktivem Techno angesiedelt, dröhnen sie aus Rikschas, Radios und bei diversen Veranstaltungen aus den Boxen und gehen den Anwesenden in die Tanzbeine.

Ganz anders die klassische indische Musik. Hier unterscheidet man zwischen südindischem Stil, *Karnatik*, und der nordindischen *Hindustani*-Musik. Beiden gemeinsam sind die Elemente des *Raga*, der die Tonfolge vorgibt, und des taktbestimmenden *Tala*. In beiden Stilen sind es kleine Ensembles von drei bis sechs Musikern, die improvisieren und sich an keine feste Partitur halten. Selbst die Instrumente sind die gleichen. Der wesentliche Unterschied aber: Im *Hindustani*-Stil wird wesentlich mehr improvisiert und er ist stark persisch-islamisch geprägt, während der *Karnatik*-Stil variationsreicher in Melodie und Rhythmus ist. Die bekanntesten Instrumente sind Sitar und Tabla, die der klassischen indischen Musik ihren unverwechselbaren Klang geben.

Indische Volksmusik unterscheidet sich dagegen je nach Region. Die variierenden Lieder werden in den jeweiligen Sprachen und Dialekten gesungen. Volksmusik wird hauptsächlich zu traditionellen Festen gespielt und ist vor allem auf dem Land beliebt.

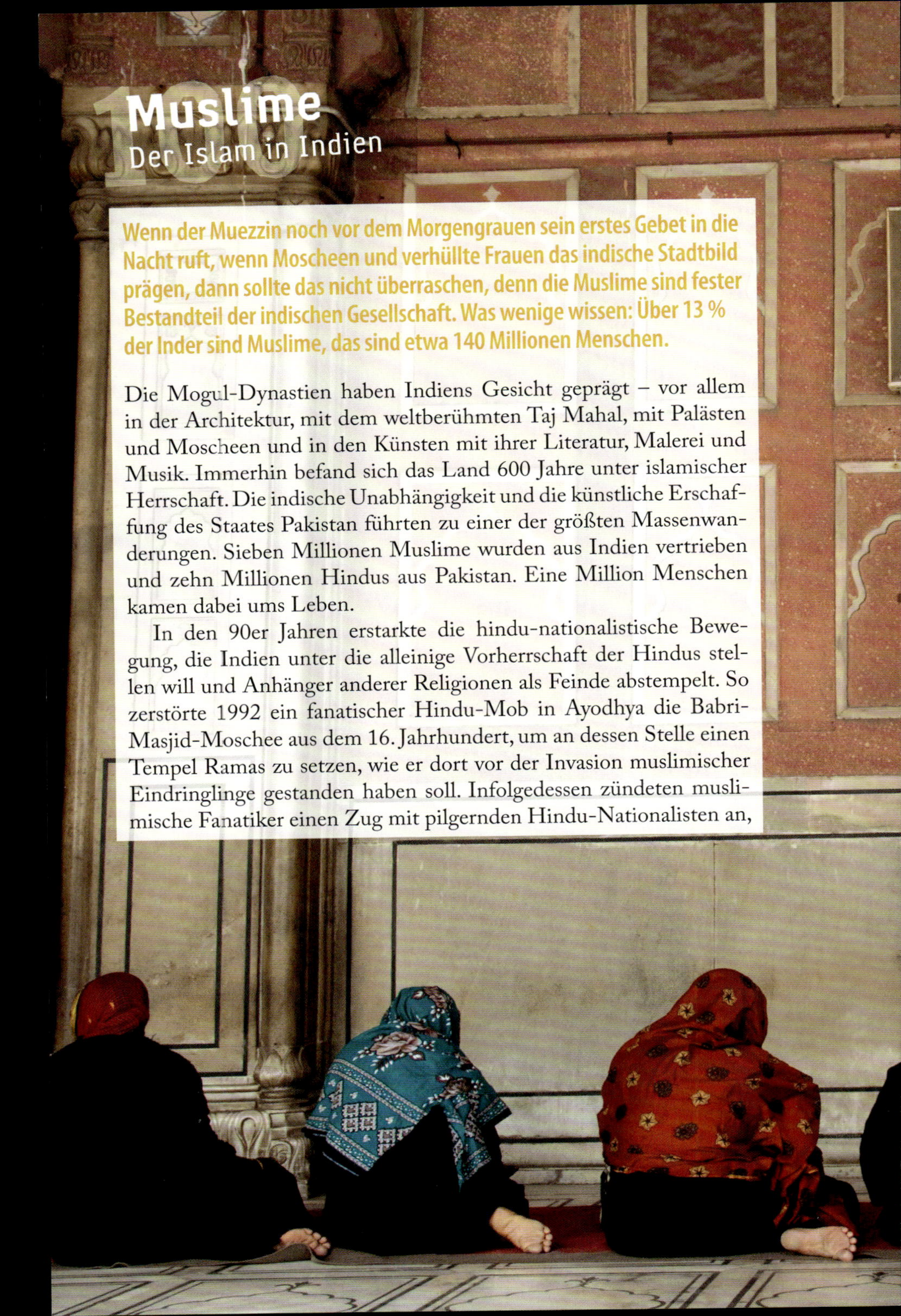

Muslime
Der Islam in Indien

Wenn der Muezzin noch vor dem Morgengrauen sein erstes Gebet in die Nacht ruft, wenn Moscheen und verhüllte Frauen das indische Stadtbild prägen, dann sollte das nicht überraschen, denn die Muslime sind fester Bestandteil der indischen Gesellschaft. Was wenige wissen: Über 13 % der Inder sind Muslime, das sind etwa 140 Millionen Menschen.

Die Mogul-Dynastien haben Indiens Gesicht geprägt – vor allem in der Architektur, mit dem weltberühmten Taj Mahal, mit Palästen und Moscheen und in den Künsten mit ihrer Literatur, Malerei und Musik. Immerhin befand sich das Land 600 Jahre unter islamischer Herrschaft. Die indische Unabhängigkeit und die künstliche Erschaffung des Staates Pakistan führten zu einer der größten Massenwanderungen. Sieben Millionen Muslime wurden aus Indien vertrieben und zehn Millionen Hindus aus Pakistan. Eine Million Menschen kamen dabei ums Leben.

In den 90er Jahren erstarkte die hindu-nationalistische Bewegung, die Indien unter die alleinige Vorherrschaft der Hindus stellen will und Anhänger anderer Religionen als Feinde abstempelt. So zerstörte 1992 ein fanatischer Hindu-Mob in Ayodhya die Babri-Masjid-Moschee aus dem 16. Jahrhundert, um an dessen Stelle einen Tempel Ramas zu setzen, wie er dort vor der Invasion muslimischer Eindringlinge gestanden haben soll. Infolgedessen zündeten muslimische Fanatiker einen Zug mit pilgernden Hindu-Nationalisten an,

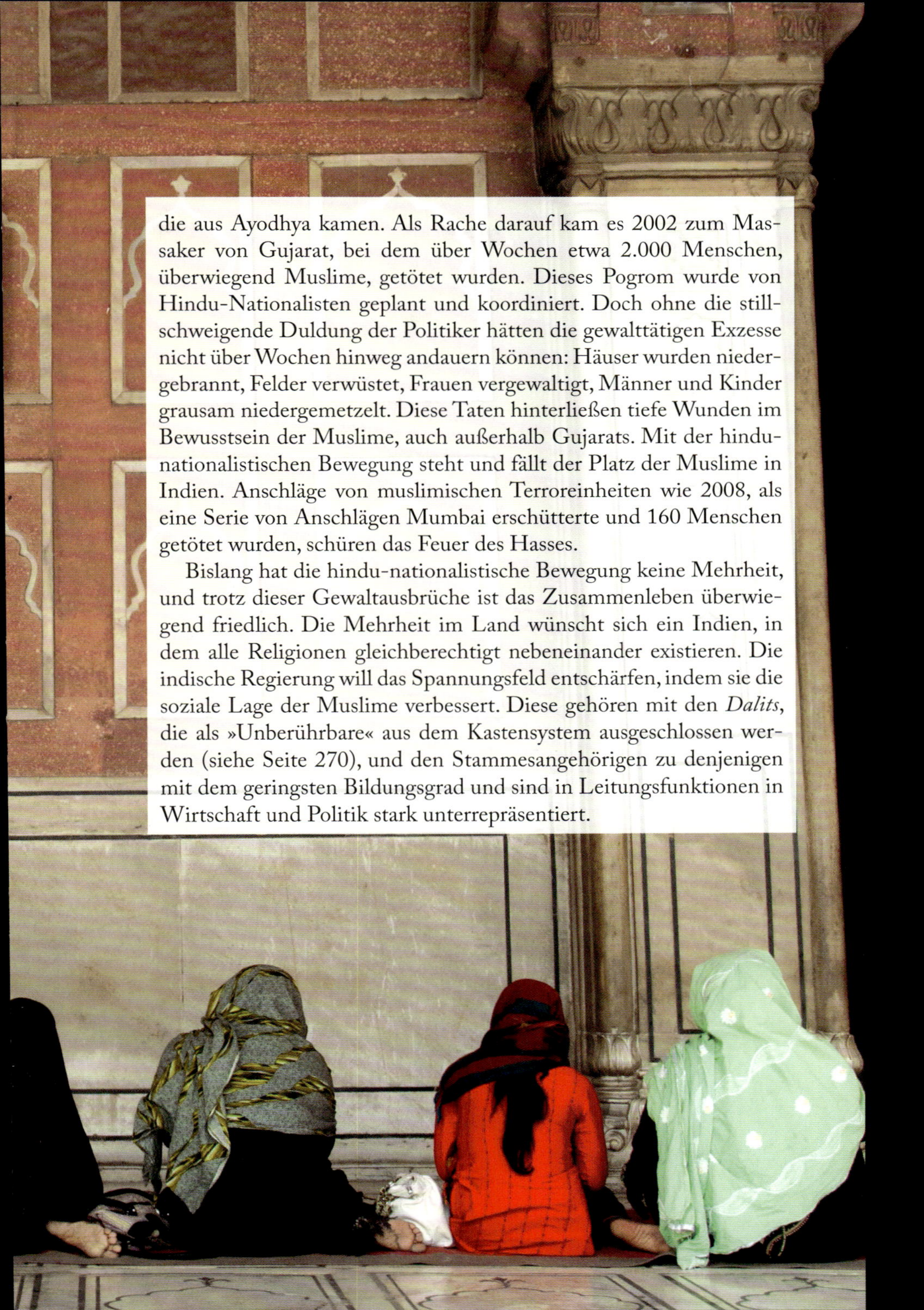

die aus Ayodhya kamen. Als Rache darauf kam es 2002 zum Massaker von Gujarat, bei dem über Wochen etwa 2.000 Menschen, überwiegend Muslime, getötet wurden. Dieses Pogrom wurde von Hindu-Nationalisten geplant und koordiniert. Doch ohne die stillschweigende Duldung der Politiker hätten die gewalttätigen Exzesse nicht über Wochen hinweg andauern können: Häuser wurden niedergebrannt, Felder verwüstet, Frauen vergewaltigt, Männer und Kinder grausam niedergemetzelt. Diese Taten hinterließen tiefe Wunden im Bewusstsein der Muslime, auch außerhalb Gujarats. Mit der hindunationalistischen Bewegung steht und fällt der Platz der Muslime in Indien. Anschläge von muslimischen Terroreinheiten wie 2008, als eine Serie von Anschlägen Mumbai erschütterte und 160 Menschen getötet wurden, schüren das Feuer des Hasses.

Bislang hat die hindu-nationalistische Bewegung keine Mehrheit, und trotz dieser Gewaltausbrüche ist das Zusammenleben überwiegend friedlich. Die Mehrheit im Land wünscht sich ein Indien, in dem alle Religionen gleichberechtigt nebeneinander existieren. Die indische Regierung will das Spannungsfeld entschärfen, indem sie die soziale Lage der Muslime verbessert. Diese gehören mit den *Dalits*, die als »Unberührbare« aus dem Kastensystem ausgeschlossen werden (siehe Seite 270), und den Stammesangehörigen zu denjenigen mit dem geringsten Bildungsgrad und sind in Leitungsfunktionen in Wirtschaft und Politik stark unterrepräsentiert.

101 Namaste
Hallo auf Indisch

Ob auf einem übervollen Bazar in Alt-Delhi oder Einsamkeit wähnend im Himalaya, es kann durchaus passieren, dass plötzlich und aus dem Nichts ein unbekannter Inder auf einen zustürmt und mit einem *»Hello«* eifrig seine Hand zum Gruß entgegenstreckt.

Ein Akt, der zeigen soll: »Hey, Leute, schaut her! Ich schüttle einem Europäer die Hand und spreche seine Sprache« oder »Hey, Fremder, willkommen! Ich grüße Dich aus Respekt auf deine Art«. Denn der eigentliche Gruß Indiens ist das *»Namaste«*, seltener auch das formelle *»Namaskar«*. Dabei ist es anders als unser »Hallo« keine schlichte Grußformel.

»Nam« kommt aus dem Sanskrit und heißt »sich beugen, verneigen«. Der Gruß *»Namaste«* heißt so viel wie: »Ich grüße das Göttliche in dir« oder »Du und ich sind eins, meine Seele grüßt deine Seele«. Hier kommt die Überzeugung zum Ausdruck, dass der Mensch in sich einen göttlichen Kern trägt und eine Manifestation Gottes ist.

Der Gruß ist zugleich Geste: Man legt die Handflächen in Höhe des Brustkorbs aneinander und beugt den Kopf leicht nach vorne. Eine bescheidene, demütige Gebärde mit derart tiefer Bedeutung, dass unser europäisches *Shakehands* vergleichsweise grob wirkt.

Namaste.

102 Obdachlos

Kein Dach über acht Millionen Köpfen

So schnell die Reise mit dem Flugzeug auch geht, die Welten von Abflug und Ankunft klaffen oft stark auseinander – nicht selten reist man vom Wohlstandsparadies direkt in eines der Armenhäuser der Welt.

Meist sind es die Obdachlosen, die das erste Unbehagen beim prosperitätsgewohnten Auge auslösen. Nicht, dass es sie in Europa nicht gäbe, aber dort sind die Obdachlosen weit weniger sichtbar. In Indien aber sind sie überall präsent. Über acht Millionen Menschen ohne Dach über dem Kopf lassen sich nicht so leicht vertreiben oder verstecken. Männer, Frauen, Kinder – ganze Familien liegen auf Gehwegen und Mittelstreifen stark befahrener Straßen. Die Decken über ihre Köpfe gezogen, scheinen die Schlafenden wie leblos. Der Neuankömmling im Land rätselt, ob es wirklich Menschen sind, die unter den bewegungslosen Stoffbündeln stecken. Selten erfahren sie diese Beachtung von ihren Landsleuten – sie sind wie verschluckt, vergessen oder einfach nicht existent.

Prekär wird ihre Lage in der Monsunzeit, wenn die Schlafplätze überschwemmt werden oder durchnässt sind. Fällt ein Monsun besonders stark aus, dann besteht außerdem die Gefahr, dass er unzählige notdürftige Unterkünfte wegreißt und weitere Hunderttausende obdachlos macht.

Obdachlosigkeit ist vor allem in den Großstädten ein Riesenproblem. Viele Landflüchtlinge, die aus Not in die Metropolen ziehen und sich ein besseres Leben erhoffen, landen auf der Straße und schlagen sich irgendwie durch. Was es wirklich bedeutet, ohne Dach über dem Kopf zu sein, Hunger und nicht den geringsten Besitz zu haben, kann man sich nur vage vorstellen. Bei den indischen Dimensionen an Armut und Bedürftigkeit drängt sich der Hang zum Fatalismus auf. Die einzige Hoffnung liegt bei der indischen Regierung und ihrer Armutsbekämpfung.

Ökologie

Ein unlösbares Problem?

Als erster Staat weltweit verankerte Indien 1976 den Umweltschutz in seiner Verfassung und richtete 1985, ein Jahr vor der BRD, ein Umweltministerium ein. Doch was der letzte Umweltzustandsbericht Indiens offenbarte, gibt wenig Anlass zu Freude.

45 % des Bodens sind vor allem wegen Abholzung, Landwirtschaft und extremer Nutzung des Grundwassers von Erosion betroffen. In den Großstädten ist die Luft zum Schneiden dick, verursacht durch Autoabgase, aber auch Industrieemissionen. Schuld sind auch die Müllberge, die täglich den Straßenrand säumen und am Folgetag verschwunden sind. Nachts ziehen über ihnen schwarze, stinkende Rauchschwaden in den Himmel – dilettantische Müllverbrennung. Flüsse kippen um, da die Industrieabwässer ungefiltert hineingepumpt werden und gemeinsam mit all dem Abfall und den Fäkalien das Wasser verschmutzen. Exzessive Düngung und Pestizidbehandlung in der Landwirtschaft tragen zusätzlich und massiv zu den Wasserproblemen Indiens bei. Eine fatale Entwicklung in einem Land, in dem für Hunderte Millionen Menschen die fließenden Gewässer überlebenswichtig sind.

Dass Indien den Schwerpunkt von Entwicklungsinteressen vor Umweltbelange setzt, ist bei 300 Millionen Menschen, die unter der Armutsgrenze leben, allerdings nicht verwunderlich. Es gibt ambitionierte Umweltprojekte – seit einigen Jahren fördert Indien intensiv erneuerbare Energien – doch bei allen positiven Ansätzen scheinen die Probleme verheerend. Durch das rasante Wirtschaftswachstum und die Zunahme der konsumfreudigen Mittelschicht steigen der Energieverbrauch und die Treibhausemissionen konstant an. Dabei erzeugt Indien pro Kopf bislang nur einen Bruchteil der Treibhausgase eines US-Bürgers. Global gesehen ist Indien auf dem fünften Platz der Verursacher von Treibhausemissionen. Bis 2015 wird Indien den dritten Platz der weltweit größten Schadstoffverursacher einnehmen.

104 Om

»Om-my home«

»*Om*« gilt als das heiligste aller Mantren und ist nach hinduistischer Auffassung die Vibration, aus der das Universum entstand. Bestehend aus A-U-M steht es unter anderem für die Dreieinigkeit von Brahma, Vishnu und Shiva.

Nach den vedischen *Upanishaden* (Sammlung philosophischer Schriften) ist das *Om* Ursache, Gegenwart und Zukunft zugleich. Alles liegt im *Om* begründet. In dem *Mandukya-Upanishad*, einer wichtigen vedischen Schrift, wird die Silbe A-U-M erklärt: A steht für den Wachzustand, U für das Träumen und M für den Tiefschlaf. Ein vierter Zustand ist transzendentaler Natur, eine Art des Überzustand oder der Erleuchtung, die außerhalb jeder Dualität liegt. So bezeichnet es die Gegenwart des Absoluten.

Es ist wohl die Silbe, die im religiösen Kontext weltweit am häufigsten rezitiert wird, da Hindus und Buddhisten sie verehren. In den *Upanishaden* steht sinngemäß: »*Om* ist der Bogen, der Geist ist der Pfeil und Brahman, das Absolute, ist das Ziel. Wiederhole konzentriert das *Om*, mit dem Ziel der Erfahrung des Höchsten. Durch die Kraft des *Om* wird dein Denken und Fühlen eins mit Brahman, dem Absoluten.«

105 Opfergaben
Geschenke an Götter

Seit 47 Jahren kommt Priya jeden Morgen zum Ganges. Die steilen Stufen dorthin kommt sie nur mit Mühe hinunter. In ihren Händen hält sie eine Schale aus einem Bananenblatt, in dem Blumen, Räucherstäbchen und eine Kerze arrangiert sind. Bedächtig entzündet sie mit einem Streichholz die Kerze und geht vorsichtig mit ihrem *Sari* knietief ins Wasser, um dort der Göttin Ganga ihr brennendes Schiffchen zu opfern.

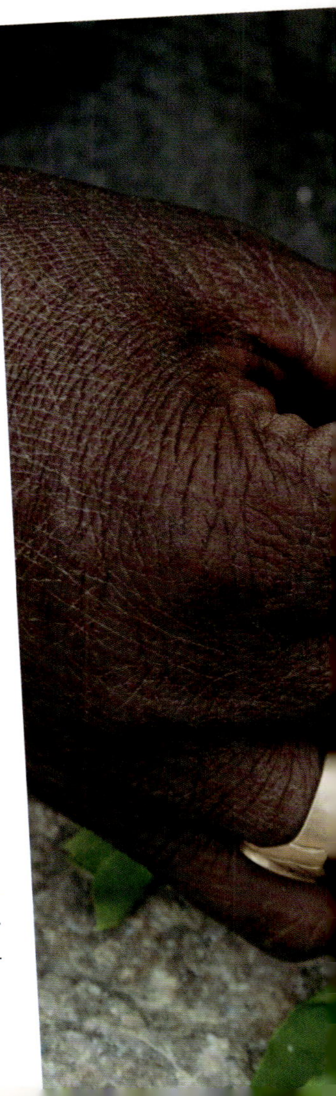

Warum sie das macht? »Ich möchte Ganga meine Demut erweisen. Sie ist die Göttin, die mich reinigt und gesund hält. Sie ist mein Leben, und es dauert nicht mehr lange, dann nimmt sie mich als Asche mit. Bis dahin bringe ich ihr jeden Tag Blumen.«

Nur ein paar Meter entfernt versucht ein kleiner Junge mit einem Magnet an einer Schnur, Opfermünzen aus dem schwarzen Wasser zu fischen, damit seine Familie über die Runden kommt. Hunderte Kilometer weiter südöstlich legt im Schlangentempel von Mannarsala in Kerala ein kinderloses Ehepaar nicht wenige vom Mund abgesparte Geldscheine in die Hand des Priesters, um die ungewollte Kinderlosigkeit zu beenden. Zur gleichen Zeit verhaftet die Polizei in Chhattisgarh zwei Männer, die unter schwerem Mordverdacht stehen, weil sie die Leber eines siebenjährigen Mädchens den Göttern opferten, um für eine bessere Ernte zu bitten, während Wissenschaftlern im südindischen Kerala beim Zählen eines milliardenschweren Tempelschatzes, mit meterlangen Goldketten, juwelenbesetzte Kronen und kiloweise Goldmünzen – alles ehemalige Opfergaben – die Augen übergehen.

An anderer Stelle nimmt ein nackter Asket trotz eisiger Kälte still auf einem Dornenbett Platz, ganz in Gedanken an Shiva, während eine Hausfrau in Rajasthan der Göttin Lakshmi frischgekochten Milchreis am Hausaltar serviert und um einen Job für ihren Sohn bittet. Zeitgleich singt in Goa eine Klamottenhändlerin Krishna zu Ehren ein Lied, einfach weil es ihr Lieblingsgott ist, obwohl eine Horde russischer Touristinnen gerade alle T-Shirts durcheinander bringt.

Es sind allesamt Geschenke an die Götter, nicht immer uneigennützig, manchmal blutrünstig, stets ehrfürchtig und im Bewusstsein dargebracht, in Verbindung mit dem beschenkten Gott zu stehen. Ob durch Geld, Gebet oder Gesang.

106

Paan

Betelbissen – ein Selbstversuch

Pfffft… die grauhaarige Frau auf dem Sitz neben mir spuckt eine dunkelrote Flüssigkeit aus dem Busfenster. Sie bemerkt meinen Blick, wendet sich zu mir und formt ihre Lippen zu einem freundlichen Lachen. Zum Vorschein kommen dunkelrote Zahnstummel. _»Paan«_, sagt sie. Und dann noch: _»Try!«_

»No, thanks«, erwidere ich schnell, denn ich will keinesfalls dunkelrotes Beißwerkzeug.

Die Umsitzenden mischen sich ein. *»You have to try, try it, madam«*, kommt es von allen Seiten.

Nun ja, wenn es die öde Busfahrt etwas aufregender macht – ich willige notgedrungen ein.

Die Frau holt ein Betelblatt heraus, streicht aus einer kleinen Metalldose etwas weiße Kalkpaste darauf und streut zerkleinerte Betelnüsse darüber. Gekonnt faltet sie das Blatt zu einem dreieckigen Päckchen und reicht es mir. Ich stopfe es eilig unter den Blicken der Mitreisenden in die Backe und weiß nicht so recht, was ich tun soll. Sie macht auffordernde Kaubewegungen. Vorsichtig und mit großer Skepsis kaue ich auf dem Paket herum und trauere meinen weißen Zähnen hinterher. Speichel sammelt sich im Mund, den ich runterschlucken muss, da ich keinen Fensterplatz habe. *»Very good«*, murmele ich, ohne es zu meinen. Der Geschmack ist würzig scharf und erinnert an Zahnpasta. Die Fahrgäste scheinen zufrieden.

Ich kaue vor mich hin und ein leicht nebeliger Zustand macht sich in meinem Kopf breit. Die Busreise kommt mir nun weitaus weniger unangenehm vor, die Laune steigt und ich zeige den Mitreisenden zur allgemeinen Freude meine roten Zähne.

Jetzt weiß ich, warum Indiens Straßen, Wände und Wege mit dunkelroten Klecksen übersät sind.

Paan gibt es in verschiedensten Ausführungen, zubereitet werden die Betelbissen immer nach dem gleichen Prinzip: Ein Blatt wird mit etwas Kalkpaste und Zitronensaft bestrichen. Darauf kommt eine Mischung aus zerstoßenen Gewürzen wie Nelken, Kardamom, Fenchel, Kampfer oder Minze, süßem oder scharfem Chutney und zu guter Letzt grob zerteilte Betelnüsse. Die Luxusvarianten, beispielsweise mit Maraschino-Kirsche und bunten Kokosstreuseln, sind wahre Kunstwerke.

107 Paläste
Hotels, Museen und Heime für Tiere

Lange Zeit hatten die Maharadschas Geld wie Heu. Einige befehligten ganze Armeen von Elefanten, sammelten Rolls-Royce-Limousinen und hunderte Konkubinen. In großen Räumen stapelten sich Juwelen und Gold bis zur Decke. Ihre Residenzen entsprachen ganz dem unermesslichen Reichtum. Die Herrscher bauten gewaltige Paläste aus weißem Marmor oder rotem Sandstein, märchenhaft und in unvorstellbarer Pracht. Das alles änderte sich 1947.

Mit der Unabhängigkeit Indiens von der britischen Krone schaffte die junge Demokratie die 600 Fürstentümer ab, die mehr als ein Drittel der Fläche Indiens belegten. Einige Privilegien blieben, bis die Kongressregierung Indira Gandhis 1971 den fürstlichen Sonderrechten einen Riegel vorschob. Staatspensionen von bis zu 300.000 Euro und die Zollfreiheit für Luxusgüter wurden abgeschafft und setzten dem verschwenderischen Lebensstil ein jähes Ende. Die leeren Kassen brachten die Maharadschas in Zugzwang. Einige Fürsten überließen ihre Paläste dem Staat, die dort Museen einrichteten, andere ließen ihre Paläste verfallen. Die Geschäftstüchtigen unter ihnen bauten die märchenhaften Residenzen in Luxushotels um und sicherten sich so Einnahmen.

Eines der bekanntesten und schönsten Palasthotels steht in Udaipur, das Taj Lake Palace. Mitten auf einem See gelegen kann man wie ein Maharadscha residieren, beispielsweise in der exklusiv eingerichteten Maharadscha-Suite mit Wohn-, Studier- und Esszimmer sowie Empfangsraum, Jacuzzi-Bad, Massageraum und Pool.

Sehr bekannt ist auch der Hawa Mahal, der »Palast der Winde«, in Jaipur. Vom einstig prächtigen, roten Sandsteinbau steht nur noch die Fassade. Aber die kann sich sehen lassen. 953 kunstvoll gestaltete, vergitterte Fenster, hinter denen die hohen Damen das Leben auf der Straße beobachten konnten, ohne selbst gesehen zu werden, sorgen für eine ständige Luftzirkulation. Ein Palast der Winde eben.

Doch viele Paläste stehen leer – mit etwas Glück stolpert man in einen dieser verlassenen Bauten. Die Atmosphäre in einem leer stehenden Palast ist eine ganz besondere. Irgendwo zwischen prächtiger Vergangenheit, bröckelnder Gegenwart und ruinöser Zukunft wird die Vergänglichkeit aller Dinge sehr präsent. Manche Bauten haben neue Bewohner. Dann wohnen in den Gemäuern, in denen einst das prunkvolle Leben tobte, Obdachlose oder Tiere, die sich eingenistet haben, und begleiten ein langsames Verrotten der Märchenpaläste.

TITAS

Palmblattbibliothek

Heißt ihr Vater Matthew?

Vor einigen Jahren hörte ich zum ersten Mal von der Existenz geheimer Palmblattbibliotheken. Dort soll jeder Mensch eine uralte, von Weisen auf Palmblättern geritzte Zusammenfassung seines Lebens erhalten. Ich entscheide mich, eine solche Bibliothek aufzusuchen.

In den Zeiten des Internets scheinen die geheimen Stätten nicht mehr ganz so geheim zu sein und ich vereinbare ein Palmblatt-*Reading* in einer dieser Bibliotheken. Nach einer kurzen Einführung (die Palmblätter seien Tausende Jahre alt, aber wegen der Gefahr des Verfalls vor 300 Jahren kopiert worden), presst Mister Subburathinam meinen Daumen auf ein Stempelkissen und nimmt den Abdruck. Er weiß nichts von mir, weder meinen Namen, geschweige denn die meiner Eltern. Anhand des Abdrucks macht er sich auf die Suche und kommt mit einem zusammengebundenen Palmblattstapel zurück.

Nun geht es los. Fragen über Fragen stellend geht er durch jedes einzelne Blatt: »Heißt ihre Mutter Mary? Heißt ihr Vater Matthew? Sind Sie Stier oder Fisch?«, und bei jedem zwangsläufigem Nein blättert er zum nächsten. Schließlich sind wir mit dem ersten Stapel durch. Er bringt den zweiten und sieht nicht sehr zuversichtlich aus. Ich bin es auch nicht, auf beunruhigenden Schildern an der Wand wird von Geduld gesprochen, die der Anwärter mindestens bis zum späten Abend haben muss – sofern das eigene Palmblatt gefunden werden soll.

Wieder unzählige Fragen. Mit Sicherheit habe ich weder meinen Namen noch den meiner Eltern genannt. Aber Hinweise gab ich reichlich. Trotzdem passiert das Erstaunliche beim zweiten Stapel. Mister Subburathinam nennt die richtigen Vornamen meiner Eltern, meinen Namen, mein Geburtsdatum und den Wochentag meiner Geburt. Ich bin baff.

Allerdings wandelt sich mein Erstaunen in Skepsis, als ich meine Prophezeiungen höre. An allen Ecken und Enden Probleme, die sich aber alle in kurzer Zeit auflösen. Die Probleme kommen daher – für diese Info zahle ich 1.000 Rupien extra – weil ich in meinem vorherigen Leben ein böser und reicher Singapurer war, der Frauen und Belegschaft bis aufs Blut ausnutzte. Um alles zum Guten zu wenden, müsse ich nur ein paar Kleinigkeiten befolgen: zuerst in die städtische Kirche gehen und zu Maria beten, zweitens Waisenkindern Essen und Geld spenden und drittens dem Palmblatt-Leser zusätzliche 5.000 Rupien

und Opfergaben wie Kleidung *(Saris)*, Bananen, Kokosnüsse und Räucherwaren geben.

Mit anhaltend schlechtem Karma aus Singapur, um 2.000 Rupien erleichtert, aber eine Erfahrung reicher und nach dem Trick grübelnd verlasse ich den Hort des Hokuspokus.

Pilgern
Wallfahrten in Indien

Nicht ohne Stolz blickt der *Sadhu* im orangen Wickeltuch auf seine Füße. 217 Tage sei er gewandert, sagt der Wandermönch, von Südindien bis hoch in den Himalaya. Hier, am nördlichen Ende Indiens kurz vor der tibetischen Grenze hat er das Ziel seiner Pilgerreise erreicht: den Tempel in Badrinath.

Ortswechsel. Das halbe Dorf hat sich auf den Weg gemacht in die heilige Stadt Haridwar. Die Gruppe plaudert und lacht, bis zum Bauch stehen sie im eisigen Wasser des heiligen Flusses. Dann geht jeder für sich in innere Einkehr und taucht kopfunter ins kalte Nass. Nach Hinduglauben werden hier Sünden weggewaschen, was sich gut auf das Karma auswirkt.

Ganz anders die Pilgerfahrt auf das Plateau des Tempels von Tirumala. Hier stehen die Pilger oft fünf Stunden lang an, um ins Heiligtum des Tempels vorgelassen zu werden. Tausende kommen täglich, das Areal um den Tempel ist riesig. Händler mit Opfergaben und Souvenirs bringen die Atmosphäre eines Bazars auf das heilige Plateau. Überall sieht man Männer, Frauen und Kinder mit frisch rasierten Glatzen. Sie haben sich in Hoffnung auf die Erfüllung eines Wunsches das Haar abscheren lassen.

Pilgern ist ein wichtiger Bestandteil der hinduistischen Praxis. Dabei kann der gläubige Hindu unter 64.000 heiligen Orten wählen, zählt man auch die weniger bekannten Pilgerstätten mit. Jeder dieser Orte hat seine eigene Mythologie und manchmal seine ganz spezielle Wirkungsweise. Doch warum nehmen Millionen Hindus jedes Jahr die Strapazen einer Pilgerfahrt auf sich? Meist sind es ganz weltliche Angelegenheiten, die zum Pilgern veranlassen. Ein männlicher Nachkomme soll her, das Geschäft florieren oder die Kinder gut verheiratet werden. Oder es sind abstraktere Wünsche: die allgemeine Befreiung von Sünden und ritueller Unreinheit, um die Voraussetzung für die Erlösung aus dem

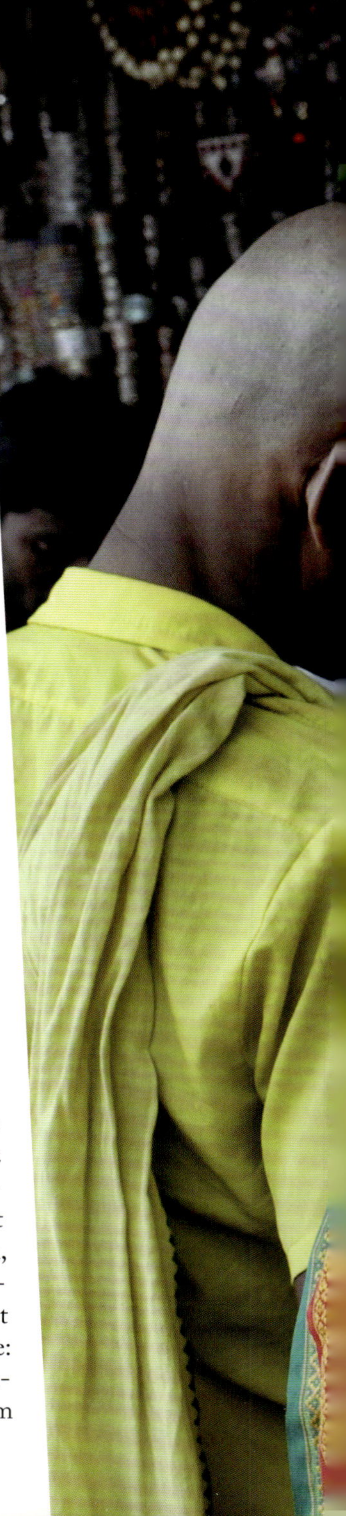

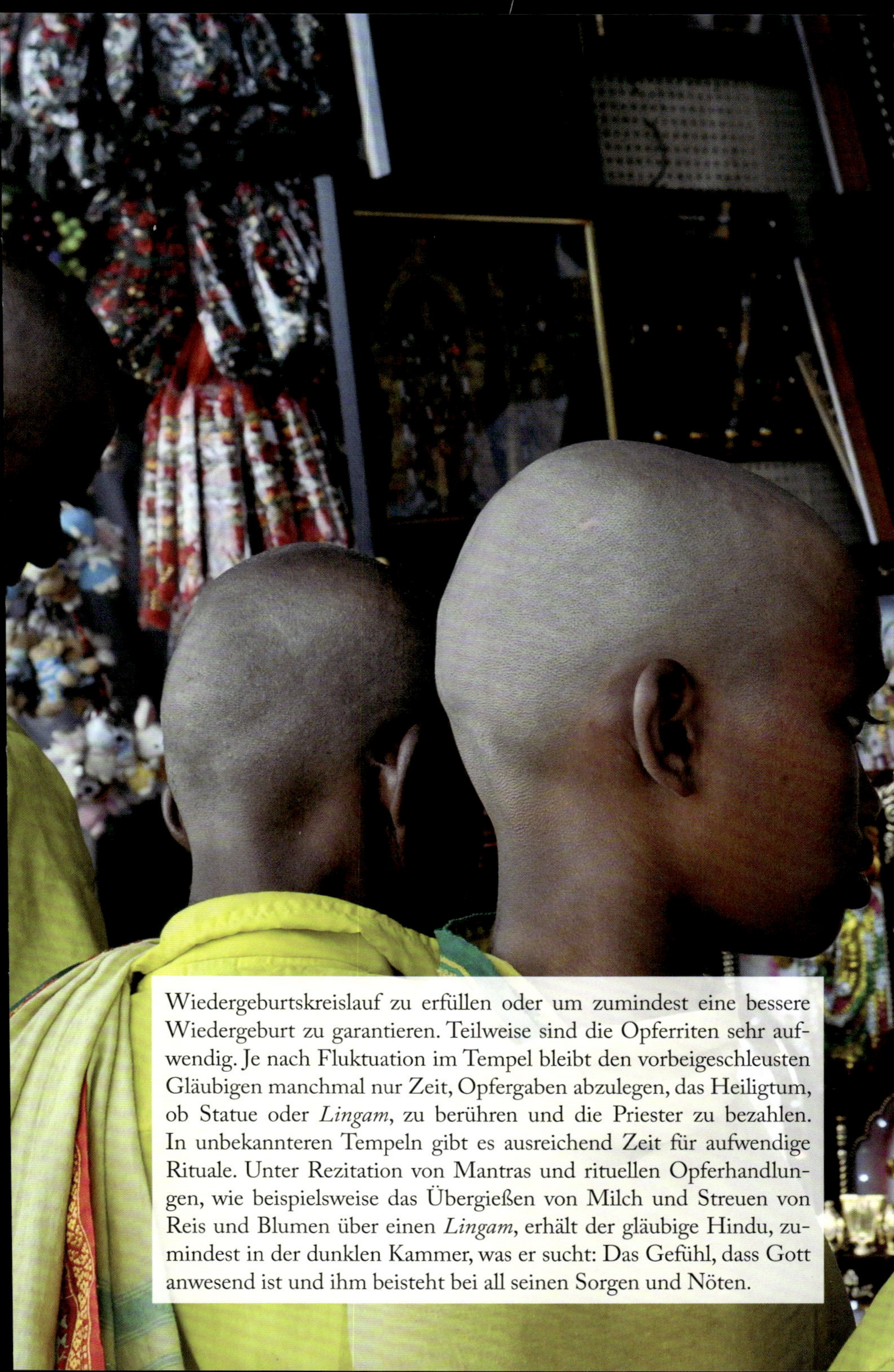

Wiedergeburtskreislauf zu erfüllen oder um zumindest eine bessere Wiedergeburt zu garantieren. Teilweise sind die Opferriten sehr aufwendig. Je nach Fluktuation im Tempel bleibt den vorbeigeschleusten Gläubigen manchmal nur Zeit, Opfergaben abzulegen, das Heiligtum, ob Statue oder *Lingam*, zu berühren und die Priester zu bezahlen. In unbekannteren Tempeln gibt es ausreichend Zeit für aufwendige Rituale. Unter Rezitation von Mantras und rituellen Opferhandlungen, wie beispielsweise das Übergießen von Milch und Streuen von Reis und Blumen über einen *Lingam*, erhält der gläubige Hindu, zumindest in der dunklen Kammer, was er sucht: Das Gefühl, dass Gott anwesend ist und ihm beisteht bei all seinen Sorgen und Nöten.

110 Powerfrauen

Fight for your rights

Indiens Frauenbewegung ist bunt und vielfältig. Ob spektakuläre Landbesetzungen gegen Staudamm-Projekte oder handfeste Aktionen gegen prügelnde Ehemänner, die mit Bambusstöcken heimgesucht werden, weil die örtliche Polizei untätig bleibt – immer wieder machen Frauengruppen von sich reden.

Das gibt etwas Hoffnung, dass die mittelalterlichen Strukturen der Lebenswelten indischer Frauen in modernere umgewandelt werden, denn viel zu lange schon und viel zu oft werden sie unterdrückt und diskriminiert.

Erstmals betraten Frauen in der von Gandhi initiierten Unabhängigkeitsbewegung die politische Arena, indem sie an den Aktionen des zivilen Ungehorsams teilnahmen. Nach der Unabhängigkeit verschwanden die Frauengruppen und wurden erst wieder in den 60er Jahren politisch aktiv. Sie protestierten gegen Gewalt gegen Frauen, Vergewaltigung und das Mitgiftsystem. Im darauffolgenden Jahrzehnt weiteten die Frauengruppen ihre Interessen aus und engagierten sich in verschiedensten Bereichen, von Bildungsthemen über Umweltschutz bis hin zu mehr Selbstbestimmung. Weil der Alkoholismus auf dem Land zunahm und immer mehr Familien zerrüttete, bildeten sich in den 80ern zahlreiche Frauenselbsthilfegruppen. Später erweiterten sie ihre Zielsetzungen und kämpften für bessere Bildungschancen und Landreformen.

Als die Frauenbewegung zu groß wurde, um ignoriert zu werden, kam die Politik unter Zugzwang. Ein Frauenministerium wurde gegründet und Anfang der 90er Jahre sorgte ein Gesetz weltweit für Beachtung: 33 % der politischen Positionen auf kommunaler Ebene sollten von Frauen besetzt werden. Das machte in den folgenden Jahren 1,2 Millionen Frauen zu politischen Akteurinnen. Die Frauenbewegung kämpfte jahrelang darum, dieses Gesetz auch auf die nationale Politik auszuweiten. 2010 beschloss das Parlament unter Tumulten in einer Verfassungsänderung, 33 % der Sitze im Parlament und in den Bundesstaaten für Frauen zu reservieren.

Auf dem Papier hat sich eine Menge geändert, aber noch sieht die Realität anders aus. In den letzten Jahren nahm die Gewalt gegen Frauen gravierend zu und die geschlechtsspezifische Abtreibung von

weiblichen Föten hat in einigen Bundesstaaten zu einem massiven Männerüberschuss geführt. Die Mädchensterblichkeit ist überproportional hoch, es gibt Mitgiftmorde, Kinderehen und sozial geächtete Witwen.

Die Probleme sind also noch groß – mit zunehmender Partizipation der Frauen wächst aber die Chance, dass sich die Umstände endlich ändern werden.

111 Puja
Verehrung der Götter

Jeden Morgen verbrennen tonnenweise Räucherstäbchen und Millionen von Blumen werden als Opfer dargebracht. Sie sind die Gaben bei einem der wichtigsten Verehrungsrituale im Hinduismus und Buddhismus – einer *Puja*.

Bei der Zeremonie am Hausaltar werden entweder ein oder auch mehrere Götter in Form einer Statue oder eines Symbols verehrt. Dabei huldigt man letztlich immer der hinter allem stehenden höchsten Kraft und nicht den diversen Göttern. Lässt eine Familie im Tempel eine *Puja* durchführen oder bittet einen Priester ins Haus, dann hofft man auf die Erfüllung eines Wunsches oder bedankt sich für das gute Gelingen einer Angelegenheit. Der Priester rezitiert dabei Mantras, opfert und segnet. Je nach Wunsch und Ritual kann dies Stunden in Anspruch nehmen.

Eine gewöhnliche *Puja* im Tempel ist wesentlich kürzer. Das sogenannte *Arati*, die Lichtkreiszeremonie, wird im Idealfall zweimal täglich ausgeführt. Dabei werden Feuerschalen unter Rezitation von Mantras und Glockengeläut vor den Götterstatuen geschwenkt. Am Ende der Zeremonie halten die Gläubigen ihre Hände über den Feuerschein und berühren anschließend ihre Stirn und ihre Augen, als Zeichen des Segens und um das Göttliche in sich aufzunehmen. Danach erhält jeder ein Segensmal auf die Stirn und es werden kleine Zuckerkügelchen verteilt, die durch die Weihung zum *Prasad*, zur heiligen Speise, wurden.

112 Rajasthan

Paläste, Wüste und Farbenpracht

Die größte Palastdichte Indiens gibt es in Rajasthan, im Nordwesten des Landes. Oft sind die Prachtbauten in Hotels umgewandelt worden. Die Ahnen der ehemaligen Herrscher bewohnen bestenfalls noch einen Trakt, wobei der Pomp und Glanz vergangener Zeiten sich erahnen lässt, wenn man vor einem dieser Bauten steht.

Rajasthans Architektur ist vom Einfluss zweier Kulturen geprägt, den islamischen Moguln und den hinduistischen Rajputen mit ihren Maharadschas. Die Rajputen sind eine alte indische Volksgruppe, die im Mittelalter den Norden des Landes beherrschte. Durch ihr Mäzenatentum beeinflussten sie maßgeblich die Kultur und durch Kriege und Eroberungen die Geschichte der Region.

Der Westen Rajasthans ist sehr trocken und niederschlagsarm, ein Drittel dieser Gegend gehört zur Wüste Thar, die anderen Regionen sind wesentlich fruchtbarer. Die Wirtschaft des Bundesstaates basiert im Wesentlichen auf Vieh- und Landwirtschaft.

Die großen Städte Rajasthans strahlen in ihrer Farbigkeit um die Wette. Jaipurs Häuser sind rosa, Jodhpur wird die »Blaue Stadt« genannt, in sattem Gelb leuchten die Sandsteinbauten Jaisalmers, während Udaipur strahlend weiß ist.

Nicht nur die Städte, auch die *Saris* und Turbane scheinen hier knalliger gefärbt zu sein. Vielleicht ist es auch nur der Kontrast zur ausgetrockneten Erde, die jede Farbe stärker erstrahlen lässt. Ein Augenschmaus ist Rajasthan auf jeden Fall.

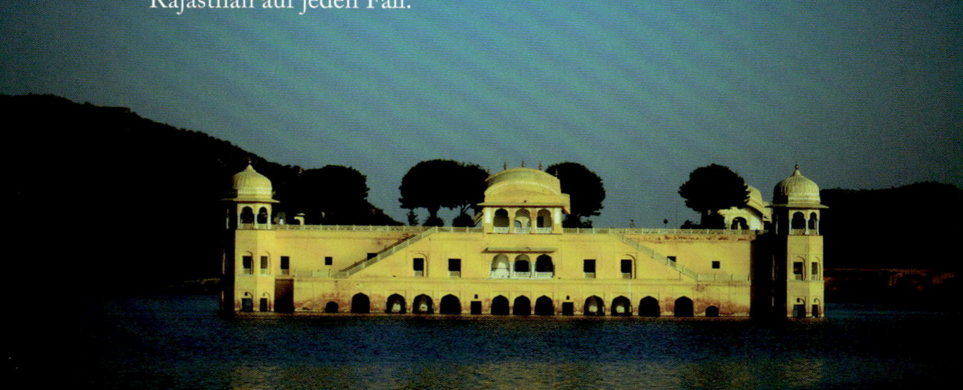

Ratten

Ein Herz für Nager

113

Tausende pilgern jährlich in den kleinen Ort Deshnok in Rajasthan, um den Rattentempel der Karni Mata, einer Reinkarnation der Göttin Durga, zu besuchen. Hinter der prachtvoll verzierten weißen Marmorfassade erschließt sich ein eigener Kosmos.

Eine Welt, die von 20.000 Ratten bewohnt wird. Im Dämmerlicht des Tempels funkeln überall kleine schwarze Augen. Aus flachen, silbernen Tabletts trinken die Nager Milch und auf dem Boden finden sich gelbe Spuren von Maisfutter, das hier eigens für die Tiere gekocht wird. Sogar vor Gefahr von oben sind die Ratten geschützt. Der Innenhof ist mit einem Netz überspannt und schützt so vor Raubvögeln. Als besonders glückbringend gilt es, vom *Prasad*, den gesegneten Speisen, zu essen, nachdem eine Ratte daran genagt hat. Manch ein Gläubiger schiebt sich hier hoffnungsvoll den von Nagern gekosteten Maisbrei in den Mund.

Die Ratten von Deshnok sind derart heilig, dass ihnen nicht einmal der Pestausbruch in Surat in den 90er Jahren den Garaus machte, ganz im Gegenteil. Gläubige tranken Milch und Wasser aus dem Rattentempel als Medizin, ungeachtet der Tatsache, dass die Flöhe der Tiere als Überträger der tödlichen Krankheit gelten.

Der Rattentempel gründet sich auf die Legende der Karni Mata, die im 14. Jahrhundert in Deshnok gelebt haben soll und wegen ihrer übersinnlichen Fähigkeiten bereits zu Lebzeiten als Heilige verehrt wurde. Ein Fürst bat sie, seinen verstorbenen Sohn wiederzubeleben, worauf sich Karni in Trance versetzte und Kontakt mit dem Totengott Yami aufnahm. Dieser schlug ihr die Bitte ab, da sich die Seele des Jungen angeblich schon anderweitig wiedergeboren habe. Zornig schwor Karni, dass kein Angehöriger ihres Stammes mehr das Totenreich Yamis betreten würde, sondern die Seelen der Verstorbenen ab sofort als Ratten wiedergeboren würden. Als Folge von Karnis Zorn werden die Ratten bis heute geschützt, da sie die Seelen der Verstorbenen in sich tragen.

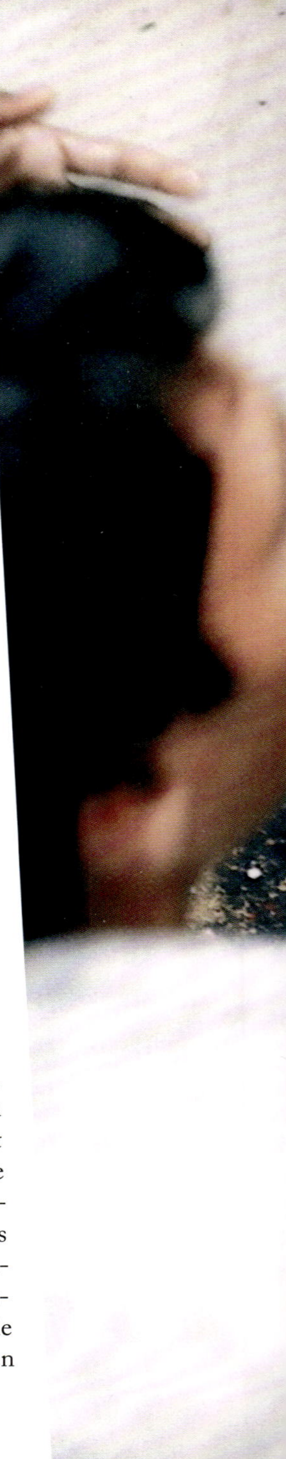

Religiöse Bedeutung kommt der Ratte auch als Reittier des Elefantengottes Ganesh zu. Hier verkörpert der Nager, dass in jedem noch so kleinen Lebewesen so viel göttliche Energie steckt, dass es sogar einen schweren Dickhäuter tragen kann. Als Reittier von Ganesh ist die Ratte heilig. Dies führte Ende des 19. Jahrhunderts dazu, dass die indische Bevölkerung eine Aktion der Briten zur Dezimierung der Ratten als Überträger der Beulenpest nicht unterstützte – immerhin handelte es sich um den Gefährten Ganeshs.

111 Religiosität
Opium fürs Volk?

In der Moschee beugen sich Köpfe gen Mekka, den Hindugöttern werden Blumen, Süßigkeiten und Räucherwerk in prächtigen Tempeln oder an schlichten Hausaltaren geopfert. Im Osten des Landes glauben die Ureinwohner, die Adivasi, an Naturgeister und für viele Dorfbewohner gehören Wunder und Zauber zum Alltag. Unzählige Pilger reisen quer durch das Land und asketische Mönche kasteien sich im Himalaya.

Indiens Alltag ist von tiefer Religiosität durchtränkt. In keinem anderen Land der Erde existieren so viele Religionen nebeneinander. Sogar zwei Weltreligionen hat Indien hervorgebracht, den Hinduismus und den Buddhismus. Ersterer spielt mit 82 % die Hauptrolle, dem Buddhismus kommt mit einem Anteil von 0,6 % eine Nebenrolle zu. Dazwischen gibt es noch Moslems, Christen, Sikhs, Parsen, Jains und Anhänger von Naturreligionen.

Der tiefe Glaube macht die oft schwierigen Lebensumstände erträglicher. Er gibt Halt und Hoffnung auf ein besseres Leben. Er lässt einen das eigene Schicksal akzeptieren und verleiht ihm Sinnhaftigkeit. An keine höheren Mächte zu glauben, sondern lediglich an das Beweisbare, ist für fast alle Inder, vom Hindu bis zum Sikh, unvorstellbar. Für sie ist Gottes Ausdruck überall, in jeder Pflanze, in jedem Tier. Für viele europäische Besucher ist der tiefempfundene Glaube der Inder einer der Anziehungspunkte des Landes. Im eindimensionalen Materialismus fühlen sich zunehmend mehr und mehr Menschen verloren. Manche suchen dann im von Religiosität durchtränkten Indien nach sinnstiftendem Inhalt, jenseits von iPhone und Karrierewunsch, TV und der Frage nach der richtigen Altersvorsorge.

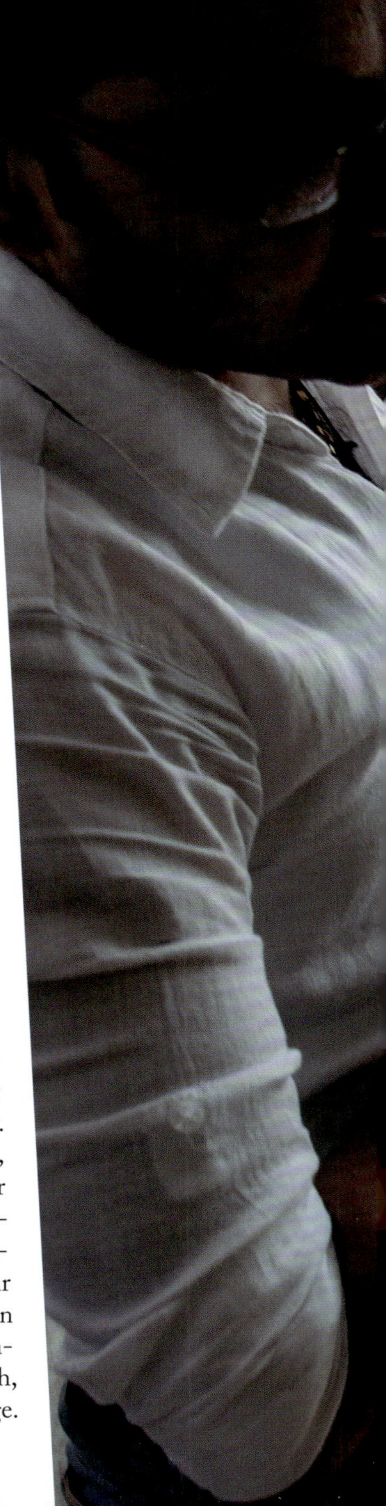

Rikschas

Rikscha, Madam?

Das ist nun schon das fünfte Mal, dass ich während der Fahrt vom Hotel zum Bahnhof abrupt die Augen zukneife und mir Angstschweiß auf der Stirn steht. Ich will den Aufprall nicht sehen. Auch jetzt geht es wieder gut, der Fahrer reißt hupend sein Lenkrad herum und rast um Haaresbreite an einem Bus vorbei und direkt in ein Schlagloch.

Mein Kopf knallt ans Dach der Motorrikscha, ich fluche unziemlich. Dass er dabei auch noch fröhlich einen Song mitsingt, der sich durch seine Boxen quält, spottet jeder Beschreibung. Dabei wirkte anfangs der am Armaturenbrett festgeklebte Plastikganesh noch beruhigend. »Ganesh, Glücksgott, steh uns bei und lenke diesen Wahnsinnigen und mich heil zum Bahnhof«, schicke ich stoßseufzend gen Blechdach. Als wir tatsächlich unbeschadet ankommen, Ganesh, der Fahrer und ich, lächelt der Fahrer fröhlich, ich erleichtert und selbst der Plastikganesh scheint die Mundwinkel hinter seinem Rüssel nach oben zu ziehen. Das war ein Höllenritt.

Eine Fahrt mit der Rikscha ist nichts für schwache Nerven, aber das ist Indien ohnehin nicht. Gemächlicher, aber nicht zwangsläufig weniger aufregend, ist eine Fahrt mit einer Fahrradrikscha. Da die indische Regierung das Bild des sich abstrampelnder Rikschafahrers für wenig passend zum aufstrebenden Image hält, gibt es in einigen Metropolen starke Einschränkungen für die Fahrer, die, wenn sie sich auf legalen Wegen bewegen wollen, nur noch in ausgewiesenen Zonen fahren dürfen. Außerdem gibt es immer wieder Pläne, die Fahrradrikschas ganz loszuwerden. Starker Widerstand der strampelnden Zunft hat dies bislang verhindern können. Hunderttausende Rikschafahrer wären um ihr ohnehin sehr geringes Einkommen gebracht und ständen mit ihren Familien vor dem Aus.

Von Körperkraft gezogene Rikschas gibt es nur noch in Kolkata, dem ehemaligen Kalkutta. Hier gehört der barfüßige, schwer arbeitende Rikschazieher seit Jahrhunderten zum Stadtbild.

118 Sadhus
Weltlichkeit ade

Manchmal könnte ich meine Abenteuerlust verfluchen. Mitten im Wald sitze ich auf dem Boden einer strohgedeckten Lehmhütte neben zwei *Sadhus* und mir ist doch ein wenig mulmig zumute.

Ein Feuer brennt, in dessen Mitte steckt ein Dreizack, und ein qualmendes *Chillum* mit einer ordentlichen Portion Haschisch geht zwischen den beiden hin und her. Obwohl der Besitz und Gebrauch von Haschisch und Gras *(Ganja)* von der Regierung streng bestraft wird, dürfen die *Sadhus*, aufgrund der religiösen »Notwendigkeit« kiffen, so viel sie wollen, da auch der Gott Shiva diese Substanzen zur Meditation gebrauchte. Rajananda, einer der beiden *Sadhus*, bot an, mir zu zeigen, wie sie leben, die heiligen Männer – und so reisen wir nun gemeinsam. Ganz geheuer ist mir das nicht, aber die Neugier auf das Leben der *Sadhus* siegte und so sitzen wir nun bei Ram in der Hütte. *Sadhus* entsagen dem weltlichen Dasein und bemühen sich durch harte Askese und Meditation, den Kreislauf der ewigen Wiedergeburt zu durchbrechen, indem sie die Selbstverwirklichung anstreben. Selbstverwirklichung heißt hier, erleuchtet zu werden, eins zu werden mit Gott. Manche versuchen, sich diesem Ziel durch körperliche Kasteiung anzunähern, z. B. indem sie unter Dornen liegen oder sich das Heben eines Armes auf Lebenszeit aufbürden. 12 Jahre wird ein *Sadhu* von seinem Guru unterwiesen, während dieser Zeit schneidet er sich sein Haar nicht mehr und lebt unter großen Entbehrungen.

Wie die meisten *Sadhus* sind auch sie Anhänger des Shiva. Ich bin erleichtert, dass beide mit orangefarbenen Wickeltüchern und Pullis bekleidet sind, denn manche Anhänger sind nackt und schmieren sich lediglich mit Asche ein. Der Gruppe der schwarzgekleideten *Aghori* wird sogar der Verzehr von Menschenfleisch nachgesagt – allerdings nehmen die *Aghori* unter den Hunderttausenden *Sadhus* einen sehr kleinen Prozentsatz ein.

Ernsthafte *Sadhus* leben häufig zurückgezogen im Himalaya, in Höhlen, in einfachen Hütten oder abgeschiedenen Tempelanlagen. Es gibt allerdings viele, die sich die orangefarbene Kluft nur zum Betteln anziehen. Ein wirklicher *Sadhu* darf nicht betteln, so eine der Verhaltensregeln.

Wie eine große Familie seien sie, hat mir Rajananda erklärt. Und tatsächlich sind wir hier von Ram ganz selbstverständlich aufgenommen worden. Die *Sadhus* halten zusammen, nur so haben sie sich all das Geheimwissen und die Rituale über Tausende von Jahren erhalten können.

Während Ram nun aus kleinen Wattebäuschen Dochte formt, die er in flüssige Butter taucht und so die Abendzeremonie vorbereitet, erklärt

mir Rajananda, dass manche *Sadhus* magische Kräfte hätten. Plötzlich erlischt das elektrische Licht in der Hütte und wir sitzen im Feuerschein. »Wenn man Jay Hanuman ruft«, erklärt er, »dann verschwindet die Dunkelheit.« Und er wiederholt den Satz merkwürdig inbrünstig. »Jay Hanuman und die Dunkelheit verschwindet.« Als in diesem Moment das Licht angeht, bin ich mehr als verdattert. Zufall? Der Lichtschalter befindet sich an der Wand und ist unerreichbar.

Der Abend geht ohrenbetäubend weiter. Eine elektrische Trommelmaschine macht mich nahezu taub, während Ram mit einem kleinen Feuerkelch in den Händen zig Mal um die Hütte läuft und an jedem der vier Eingänge Kreise mit der Flamme beschreibt. Unser Gastgeber Ram ist von ehrlicher Freundlichkeit und zeigt in kleinen alltäglichen Handlungen solch großen Respekt vor der Natur und Liebe zu den Tieren, dass ich nicht anders kann, als diesen Mann zu bewundern und mich sehr aufgehoben zu fühlen.

Dies sollte sich ändern, als ich mit Rajananda tiefer in den Wald, zu einem geheimen *Ashram* reise. Doch das ist eine andere Geschichte ...

117 Sari
8 Meter Anmut

Der *Sari* ist das wohl bekannteste indische Kleidungsstück für Frauen. Meist besteht der *Sari* aus fünf bis sechs Meter Stoff, an dessen fußläufigem Saum sich eine andersfarbige oder bestickte Borte hervorhebt. Einige Wickeltechniken benötigen sogar acht Meter lange Stoffbahnen.

Ob aus edler Seide mit eingewebten Goldfäden und aufwändiger Stickerei oder schlichter Baumwolle, unifarben oder bunt beduckt, die typische Form erhält der *Sari* nur durch richtiges Drapieren und eine korrekte Wickeltechnik. Entscheidende Details sind dabei das Falten des an der Vorderseite liegenden Stoffes in eine Ziehharmonika, was den vorderseitig aufspringenden Faltenwurf ergibt, und das ebenso gefaltete Ende des Stoffes, das nach hinten über die Schulter geworfen wird und den Oberkörper bedeckt. Als Oberteil trägt man eine kurze Bluse, die *Choli* heißt, ebenso unerlässlich ist ein farblich passender Unterrock.

Aus diesen drei Teilen besteht ein *Sari*, der seinen Trägerinnen Anmut und Eleganz verleiht.

Schlaf

Schlafprobleme? Nicht in Indien.

Mit einem sind die Inder sicherlich gesegnet, mit einem gesunden Schlaf. Müde bei der Arbeit? Einfach den Kopf einen Moment auf dem Schreibtisch ablegen.

Arbeitet man draußen, lehnt man sich an irgendeine Wand oder legt sich einfach auf den Boden. Als Rikschafahrer hat man es gut getroffen. Egal ob Fahrrad- oder Motorrikscha, auf der Sitzbank lässt es sich vorzüglich schlummern. In Indien wird gerne und überall geschlafen.

Unangenehm berührt mag der Erstbesucher von den zahllosen deckenverhüllten, schmalen Menschenbündeln sein, die auf Gehsteigen, in Parks, unter Brücken und neben stark befahrenen Straßen liegen. Die Obdachlosen haben keine andere Wahl. Der Verkehr dröhnt, das Leben brüllt, geschlafen wird trotzdem.

119

Schlangenbeschwörer

Entzauberte Hypnotiseure

Vorsichtig stellt Amar seine beiden Bastkörbe ab und setzt sich auf die Pflastersteine. Aus einem Stoffbeutel holt er eine Flöte und beginnt, einhändig eine eindringliche, grelle Melodie zu spielen, während er mit der anderen Hand die Deckel der Körbe abnimmt. Er ruckelt ein wenig an den Bastbehältern, langsam schlängeln sich zwei majestätische Kobras empor und richten sich stolz auf.

Man sieht sie nicht mehr so oft, die Schlangenbeschwörer Indiens, seit in den 90er-Jahren ein Gesetz erlassen wurde, das die Schlangenbeschwörung unter Strafe stellt. Harte Zeiten für eine Jahrhunderte alte Zunft, die daraufhin in untouristische Gegenden auswich oder die Gefahr hoher Bußgelder in Kauf nimmt.

Amar ist einer von etwa 800.000 Schlangenbeschwörern in Indien. Wie in diesem Beruf üblich, hat er die Kunst von seinem Vater erlernt, doch mit Amar geht seine Familientradition zu Ende. Durch die Gesetzesänderung wird nun die einst gern gesehene Fertigkeit von modernen Indern in den Städten mit Bettelei gleichgesetzt. Sein Sohn soll es einfacher haben, mit dem wenigen Einkommen versucht er, ihm eine Ausbildung zu ermöglichen.

Dabei wurde vor nicht allzu langer Zeit noch fest an die magischen Fähigkeiten der Schlangenbändiger geglaubt. Kabel-TV und Modernisierung haben die Beschwörer entzaubert. Nur auf dem Land mobilisiert der Schlangentanz nach wie vor ein großes Publikum, das von den übersinnlichen, hypnotisierenden Fähigkeiten der Beschwörer überzeugt ist und sich dankbar kalte Schauer über den Rücken jagen lässt.

Schlangen sind übrigens taub, das blendende Sonnenlicht verwirrt sie und die sich bewegende Flöte wird als Angreifer eingestuft. Der schwankende Tanz ist ein Verteidigungsverhalten. Die Giftzähne sind meist nach dem Fang entfernt worden. Eine grausame Prozedur, wie Tierschützer beklagen.

Schönheitsideale

Fair & lovely

Im Schönheitssalon streicht mir die Inhaberin Geeta über den Arm. »*Your skin is beautiful. My skin is black*«, sagt sie lachend.

Ich gebe zurück: »*My skin is too white and black is beautiful.*«

Wir lachen, aber hinter diesem Spaß versteckt sich ein ernstes Thema. Das Schönheitsideal heller Haut und die damit verbundenen Wertungen.

So muss jeder, der in Indien Karriere im Showbusiness machen will, neben Talent und guten Kontakten ein ganz bestimmtes äußeres Kennzeichen mitbringen – nämlich eine möglichst helle Hautfarbe. Wer hellhäutig ist, hat Erfolg, Geld und sieht gut aus, so der Konsens. Weil die Pharmaindustrie nicht schläft, sind in vielen Shops Bleichcremes erhältlich. *Fair & lovely, fair glow* oder *love a'fair* heißen die aufhellenden Produkte, die den Unternehmen jedes Jahr Millionengewinne bescheren.

Der Kult um die Hellhäutigkeit hat eine lange Vorgeschichte. Etwa 1500 v. Chr. drangen die Arier ins Land ein und unterwarfen die wesentlich dunkleren Drawiden, die sie in den Süden des Landes vertrieben. Im nun entstehenden Kastensystem reservierten sich die hellhäutigen Arier die oberen Ränge, während sie die dunklen Drawiden auf die unteren Plätze verwiesen. Eine weiße Haut wurde dadurch zum Synonym für Macht, Reichtum und einen hohen sozialen Rang. Schließlich kamen mit den bleichgesichtigen Engländern abermals Eindringlinge ins Land, und wieder wurde eine helle Hautfarbe zum Sinnbild für Macht.

Nationalstolz haben die Inder durch ihre Unabhängigkeit gewonnen, leider aber kein gesundes Verhältnis zur eigenen Hautfarbe. So finden Bleichcremes reißenden Absatz, in den Heiratsanzeigen suchen Männer möglichst hellhäutige Frauen und in den Werbeanzeigen sind Menschen mit in Indien untypischer, heller Haut zu sehen.

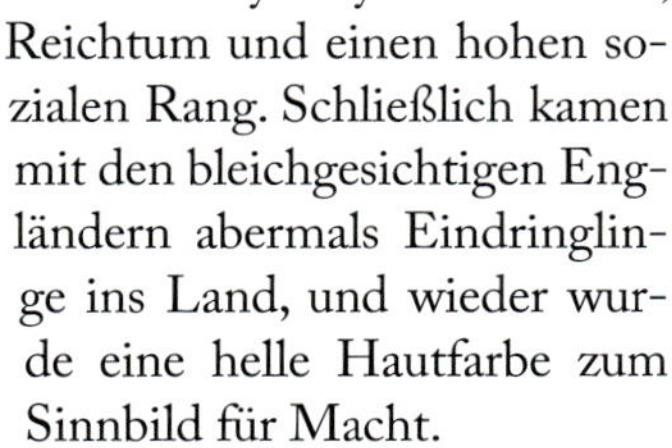

Sehnsucht
Träume von einem besseren Leben

Das Leben in Indien ist hart. Zumindest für die Armen. Dem arbeitssamen Alltag, der von Geldmangel und Entbehrungen gezeichnet ist, entflieht man nur zu gerne. Für ein paar Rupien ist im Kino die Welt für drei Stunden in Ordnung und alles hat ein gutes Ende.

Die Wünsche sind bescheiden. Ein festes Dach über dem Kopf, Geld für die Operation des Vaters, für den Schulbesuch der Kinder, für ausreichend Essen, um die hungrigen Mäuler zu stopfen. Grundrechte eigentlich.

Der inbrünstige Glaube gibt Hoffnung. Wenn schon nicht in diesem, so wird es mir im nächsten Leben besser ergehen, tröstet man sich in schlimmster Not. Manchmal reicht es schon, für ein paar Minuten die Augen zu schließen und sich wegzuträumen in eine bessere Welt.

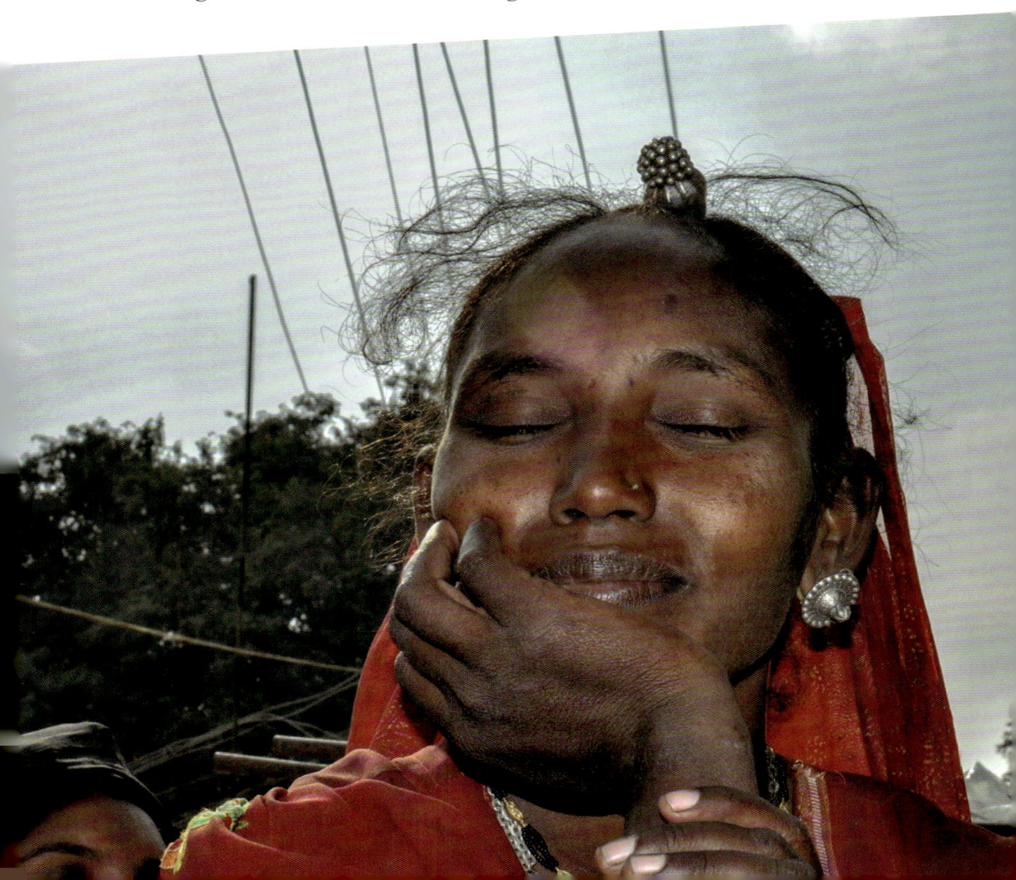

122

Selfmademan

Business as usual

Einfallsreichtum ist eine indische Tugend, könnte man meinen. Oder aber die Not macht erfinderisch. Unzählige Miniselbstständige geben ihr Bestes, um über die Runden zu kommen. Da wird ein Stapel Hosen gekauft und über den Arm hängend feilgeboten, oder es werden Vögel gefangen und verkauft, Zuckerwatte geschlagen, Tee gebrüht und allerlei Tand angeboten.

Wie viele Inder aus den ärmeren Schichten haben eine Chance auf einen Job als Angestellter? Die allerwenigsten. Deshalb sind Pfiffigkeit und Ideenreichtum beim Kampf ums Überleben umso wichtiger. Immerhin sind noch Frau, Kinder, Eltern und womöglich weitere Verwandte zu versorgen. Ein einfaches Leben ist es nicht. Kinder müssen wegen der prekären Verhältnisse schon früh anfangen zu arbeiten. Nicht, dass die Eltern ihnen Bildung nicht gönnen würden – meist können sie es sich schlichtweg nicht leisten.

Sexualität
Sins of India

Im Land des Kamasutra geht es ganz prüde zu. Lange vorbei sind die Zeiten, in denen Erotik und Sinnlichkeit zur Kultur des Landes gehörten. Etwa 300 n. Chr. entstand das Lehrbuch der Erotik, und erst als um 1000 n. Chr. ein rigider Brahmanismus einsetzte, wurde die Erotik sicher weggesperrt. Seitdem ist alles, was im Ansatz sexuell sein könnte, im öffentlichen Leben undenkbar.

Bei der reichen Oberschicht, die sich ohnehin gen Westen orientiert, geht es sexuell etwas freizügiger zu. Bei der Unterschicht, die eng gedrängt in Slums wohnt, ist ein Ausleben der Sexualität allein wegen Platznot unmöglich. Schnell, heimlich und als Vorrecht des Mannes wird der Beischlaf unter Wellblechdächern und Plastikplanen vollzogen.

Auch wenn sie unsichtbar ist, gibt es sie natürlich, die Sexualität, und das nicht zu knapp. Immerhin wird Indien in absehbarer Zeit das bevölkerungsreichste Land der Erde sein. Offiziell wird Sexualität auf die Ehe begrenzt. Eigentlich gilt dies für beide Geschlechter, allerdings gehen indische junge Männer oft vorehelich ihren hormonell gesteuerten Bedürfnissen nach. Während das Mädchen sofort in Verruf geraten würde, kann sich der Junge mehr erlauben. Es ist nicht unüblich, bei sogenannten *»Aunties«*, älteren Frauen, die ersten sexuellen Erfahrungen zu machen. Wie man sich dabei am besten anstellt, dazu werden unter der Ladentheke die benötigten Infos gereicht. Vom Schmuddelfilm bis zum Pronoheftchen ist trotz offiziellen Verbots alles zu haben.

Mehr Freizügigkeit als im öffentlichen Leben zeigt mittlerweile der Bollywoodfilm. Während noch vor einigen Jahren ein Filmkuss undenkbar war und Sexszenen mit naturalistischen Parallelbildern dargestellt wurden – ein wogendes Weizenfeld, rote Rosen, ein nächtliches Sommergewitter – ist heutzutage schon mal etwas nackte Haut zu sehen. Ausschweifender geht es im illegalen Bereich zu. Zwar ist Prostitution verboten, doch gibt es Orte, die fast nur aus Bordellen bestehen – allein Mumbai hat ein gigantisches Rotlichtviertel. Ein großes Problem ist die Kinderprostitution. Jedes Jahr verschwinden zehntausende Kinder, viele landen im käuflichen Gewerbe.

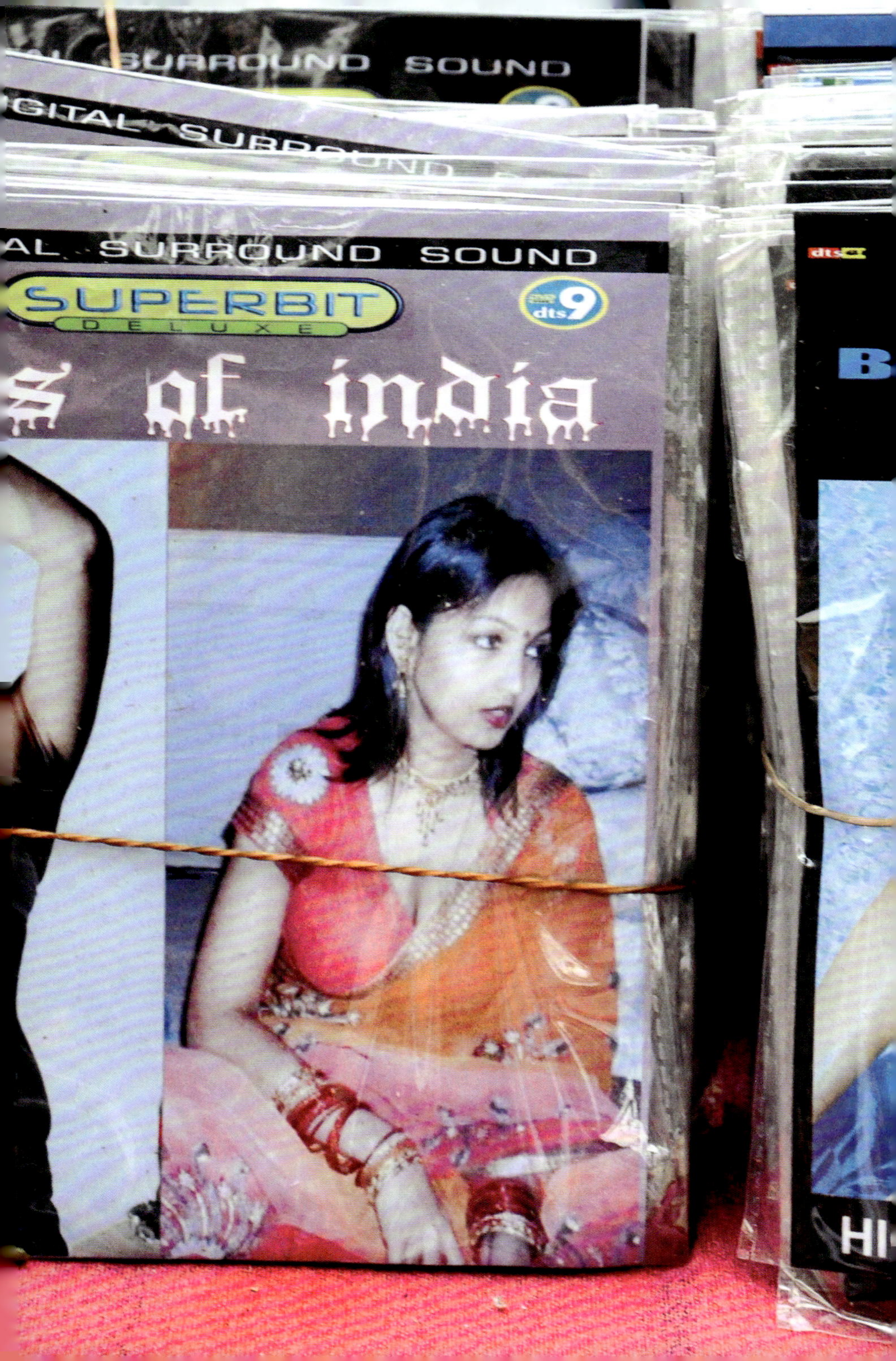

SURROUND SOUND
SURROUND SOUND
SUPERBIT
DELUXE
dts 9
of india

Shiva

Gott mit 108 Namen

Shiva ist einer der Chefs im indischen Götterhimmel. Gemeinsam mit Brahma und Vishnu bildet er die hinduistische Trinität. Aber Shiva heißt nicht immer Shiva. Insgesamt trägt er 108 Namen, darunter Nataraja, Mahadeva, Nilakantha und Pashupati.

Jede seiner 108 Erscheinungsformen verkörpert etwas anderes. Als Nataraja führt Shiva einen kosmischen Tanz auf und steht für den ewigen Prozess von Schöpfung, Zerstörung und Wiedererschaffung. Als Nilakantha hat er eine blaue Kehle, weil er das Gift des Urmeeres, alle Sünden und Leiden getrunken und so die Welt gerettet hat. Als Pashupati trägt er ein Tigerfell und ist der Beschützer der Tiere.

Die Ikonographie stellt den hohen Gott meist mit weißer oder grauer Haut dar. In den Händen hält er einen Dreizack und eine Trommel. Um seinen Hals schlingt sich eine Schlange, aus dem langen schwarzen Haar ragt eine Mondsichel. Manchmal fließt Wasser aus seinem Haar, ein Symbol für die Göttin Ganga, deren Verkörperung auf Erden der Ganges ist. Ihre vom Himmel herabstürzenden Wassermassen drohten die Erde zu zerstören, doch Shiva bremste mit seinem Haar den Aufprall ab und ließ das Wasser über sein langes Haar in sieben Strömen auf die Erde laufen. Auf seiner Stirn sind drei waagerechte Aschestreifen gemalt, wie man sie deshalb auch oft bei seinen Anhängern sieht.

Obwohl er mit seiner Gemahlin Parvati und seinem Sohn Ganesh als Sinnbild für die heilige Familie steht, ist er gleichzeitig der Asket, der in tiefer Meditation auf dem Berg Kailash sitzt. Viele *Sadhus*, indische Mönche, sind Anhänger des Shiva. Ihre langen, in Dreadlocks getragenen Haare sehen sie als Referenz zu Shiva, genauso wie das Rauchen von *Ganja* (Marihuana).

In den Tempeln wird Shiva in Form eines steinernen *Lingams* verehrt. Häufig steht der Steinstier Nandi, das Reittier Shivas, vor einem solchen *Lingam*. Die Gläubigen haben allerdings dabei nicht im Sinn, den Penis Shivas zu verehren, sondern sehen in dem Symbol die Verkörperung von Shivas Schöpferkraft. Jener Kraft, so der Glaube, die allem Seienden innewohnt.

ॐ

125

Sikhs
Löwen und Prinzessinnen

Viele Turbanträger Indiens sind Sikhs, die aus religiösen Gründen diese Wickelkopfbedeckung tragen. Das ungeschnittene Haar unter dem Turban zu tragen, gehört zu den fünf Attributen, die jeden gläubigen, männlichen Sikh auszeichnen.

Außerdem dient ein Metallarmreif als Symbol für Wahrheit, ein Kamm zur Haarpflege, spezielle Unterhosen sollen zur sexuellen Mäßigung beitragen und ein kleiner Dolch erinnert daran, Armen und Schwachen zu helfen.

23 Millionen Sikhs gibt es weltweit, davon leben 80 Prozent im Punjab, im Norden Indiens, der Rest zum Großteil in den USA und England. In Deutschland leben etwa 10.000 Sikhs. Obwohl der Sikhismus nach dem Christentum, Islam, Buddhismus und Hinduismus zur fünftgrößten organisierten Religion der Welt zählt, weiß kaum jemand näheres über ihn.

Allen Sikhs gemein ist der gleiche Nachname – die Männer heißen Singh, das bedeutet Löwe, die Frauen tragen den Nachnamen Kaur, was Prinzessin bedeutet. Dies ist ein Ausdruck der Gleichberechtigung, die ein wesentlicher Aspekt des Sikhismus ist. Denn gerade diese vermisste der Begründer des Sikhismus, Guru Nanak, der 1469 im Punjab geboren wurde. Er hinterfragte die hierarchische hinduistische Gesellschaft mit all ihren Dogmen, Ritualen und strikten sozialen Schranken und entwickelte eine neue Philosophie mit Elementen aus den bestehenden Weltreligionen. Schon zu Lebzeiten hatte er eine große Anhängerschar. Nach seinem Tod folgten ihm neun weitere Gurus, der letzte der insgesamt zehn Religionsführer ernannte keinen weiteren Nachfolger, sondern verwies auf die Heilige Schrift der Sikhs, das Buch *Adi Granth*, das seither als Guru verehrt wird.

Zentral im Sikhismus ist eine tugendhafte Lebensführung – arbeite, sei dir Gott bewusst und teile. Die Beseitigung sozialer Missstände wird als wichtiges Element der Gotteshingabe eingestuft. Das Ego wird als Hindernis zu innerem und sozialem Frieden gesehen. Die Trennung des Menschen von der Schöpfung als Illusion zu begreifen und durch ein erwachtes Bewusstsein die Erlösung zu Lebenszeiten zu erlangen, das ist das Ziel dieser Religion. Mit einer Geisteshaltung der Zufriedenheit, um Fortschritt bemüht und mit der Schöpfung verbunden, so soll der Mensch ein ganzheitliches Leben führen.

126 Slums
Mikro- im Makrokosmos

Fast die Hälfte der 16 Millionen Einwohner Mumbais leben im besten Fall unter einem Dach aus Wellblech, im schlechteren unter Plastikplanen und im schlimmsten Fall unter freiem Himmel. In Mumbai liegt Asiens größter Slum Dharavi mit einer halben Million Einwohner.

Die Megaslums sind aber nicht nur eine Ansammlung von simplen Unterkünften. Sie bilden einen eigenen Mikrokosmos mit Läden, Gerbereien, kleinen Handwerksbetrieben und Töpfereien. Neueste Pläne sehen vor, die Slumhütten Dharavis abzureißen und durch soziale Wohnungsbauten zu ersetzen. Kritiker befürchten, dass dies ein Manöver ist, um die Slumbewohner loszuwerden. Das einst am Stadtrand gelegene Dharavi ist im Laufe der Zeit von der Stadt umschlossen worden und liegt nun, unüblich für einen Slum, ganz zentral. Die Raumknappheit in Mumbai ist ohnehin ein Problem und für solch zentrale Lagen sind die Bodenpreise horrend hoch. Am teuersten sind die südlichen Lagen der Stadt. Hier liegt der Quadratmeterpreis für Immobilien bei unglaublichen 14.000 Euro.

Zu nebenstehendem Foto möchte ich etwas Persönliches erzählen. Ich ging am Fluss Hoogly in Kolkata entlang, kam zu einem Bahnübergang und stand plötzlich in einem kleinen Slum. Auf staubigem Boden standen windschiefe Hütten aus Plastikplanen. In einer Hütte kochte eine Frau Reis, und ich fragte sie, ob ich ein Foto machen dürfe. Ihr junges Gesicht war bereits von den Spuren eines Lebens in Armut gezeichnet. Verzweiflung und Sorgen waren darin deutlich zu lesen. Ich fotografierte sie. Danach ging ich einfach weiter.

Nach ein paar Minuten überkam mich ein schlechtes Gewissen, mit einer Tüte Obst und einer Blumenkette kehrte ich zurück. Die Frau saß noch immer vor dem kochenden Topf. Als sie die Tüte in den Händen hielt, starrte sie ungläubig hinein. Sie strahlte und freute sich sehr. Da standen sich nun zwei Frauen gegenüber, die unterschiedlicher kaum leben könnten. Die eine gefangen in den traditionellen Strukturen der indischen Gesellschaft und im eisernen Griff der Armut, die andere eine Reisende aus einer Wohlstandsgesellschaft. Wir schauten uns in die Augen und mich berührte die Tragik ihres Lebens und die Aussichtslosigkeit, dieser Armut jemals entfliehen zu können, zutiefst.

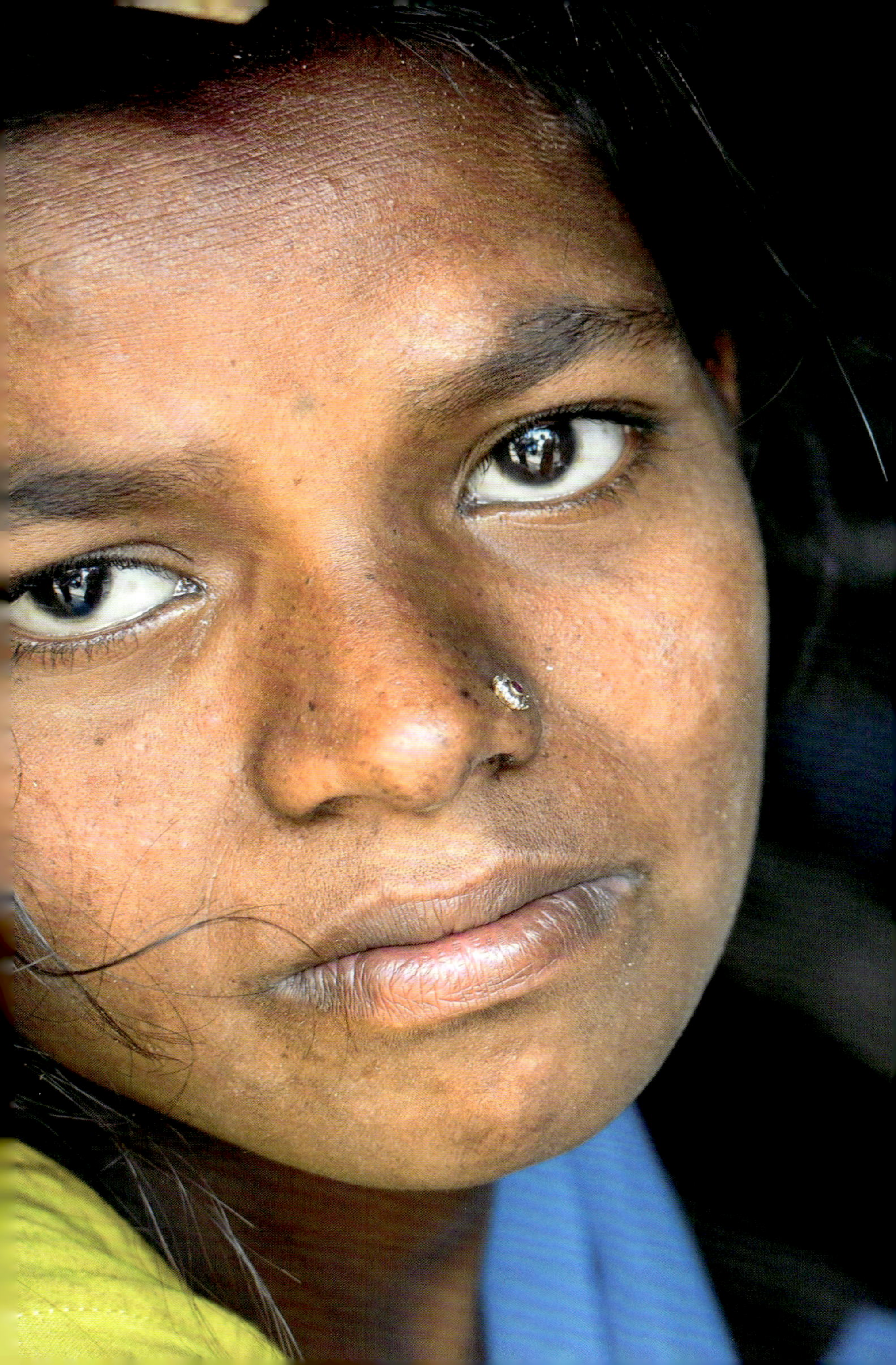

127 Söhne

Materielle und religiöse Notwendigkeit

Auch wenn es kaum mehr Maharadschas gibt, kleine Prinzen gibt es zuhauf. Denn auf die Söhne sind die Eltern stolz – und entsprechend werden sie verhätschelt. Und das hat teilweise ganz finanzkräftige Hintergründe.

Während die Tochter heiratet und das Elternhaus verlässt, bleibt der Sohn im Haus. Da es kein Rentensystem gibt, ist ein Sohn die einzige Garantie, im Alter zu überleben, wenn man nicht genug sparen konnte. Außerdem bringt der Sohnemann durch seine Heirat die damit verbundene Mitgift, sprich Geld und elektrische Geräte, ins Haus.

Nicht zuletzt ist ein männlicher Nachkomme auch in jenseitiger Hinsicht ein Muss. Nur ein Sohn kann den Scheiterhaufen entzünden, um das Verbrennungsritual harmonisch ablaufen zu lassen und die Seele zu befreien.

Auch wenn die Frauen sich frei bewegen können, so dominieren die Männer und Jungs das Straßenbild. Manchmal sind sie so selbstgefällig und von ihrer Männlichkeit eingenommen, dass man eine Horde wildgewordener Feministinnen durchs Land schicken möchte.

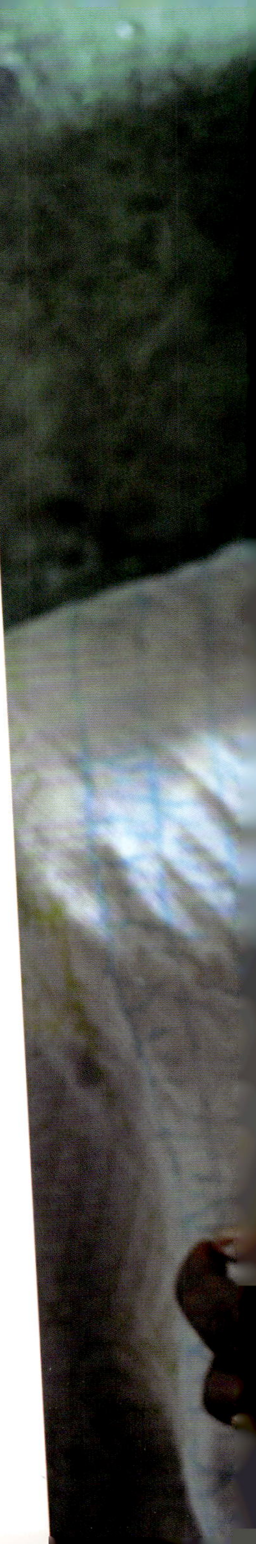

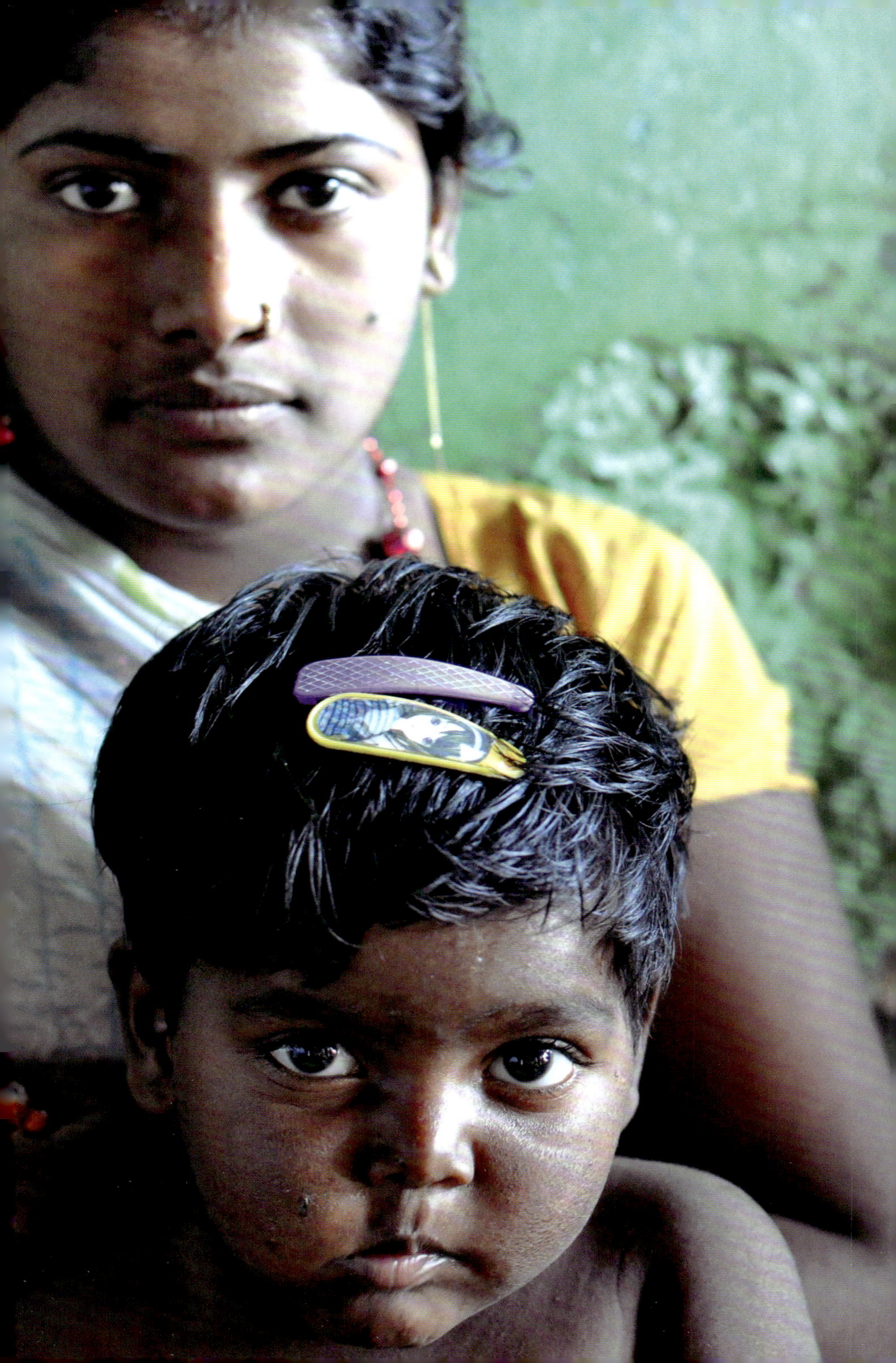

128 Stadt

Appartementanlagen und Wellblechhütten

Indiens Städte boomen und auf den Straßen tobt das Leben. Es ist chaotisch und laut. Hier sind Kühe im dichten Verkehr unterwegs und Obdachlose schlafen neben 5-Sterne-Hotels. Straßenstände, die Tee, Snacks und allerlei Plunder verkaufen, reihen sich aneinander, und auf den Bazaren ist die Hölle los.

34 Städte haben mehr als eine Million Einwohner. Hier wohnt die relativ neu entstandene Mittelschicht, die sich gern westlich gibt, und dementsprechend schießen *Malls* aus dem Boden, überdimensionale Plakate werben für schicke Appartementanlagen und Autos und Motorräder verstopfen die Straßen. Ganze Wohnanlagen sind den wohlhabenden Schichten vorbehalten, gesichert durch Stacheldraht und Wachpersonal. Unmittelbar daneben hausen die Armen unter Planen

oder Wellblechdächern. Die Armut in den Städten ist ganz offensichtlich. Täglich werden Tausende Landflüchtlinge in die Städte gespült, die sich hier ein besseres Leben versprechen und nur allzu oft auf der Straße landen. Eines sind die Städte des Landes mit Sicherheit: kontrastreich.

Anders als auf dem Land, knarrt es im Traditionsgebälk. Kastengrenzen sind in den Städten weniger starr. Hier ist der soziale Status wichtiger als die Kastenzugehörigkeit. Und anders als auf dem Dorf, geht es zwischen den Geschlechtern etwas lockerer zu. Da sieht man auch schon mal junge Mädchen mit Jungs im Kino sitzen oder durch den Park schlendern. Das Stadtleben verspricht den jungen Indern mehr Freiheit. Deshalb wirkt die Stadt wie ein Magnet auf so viele von ihnen, mit all ihrem Chaos, ihrer Freiheit, Buntheit und Vielfalt.

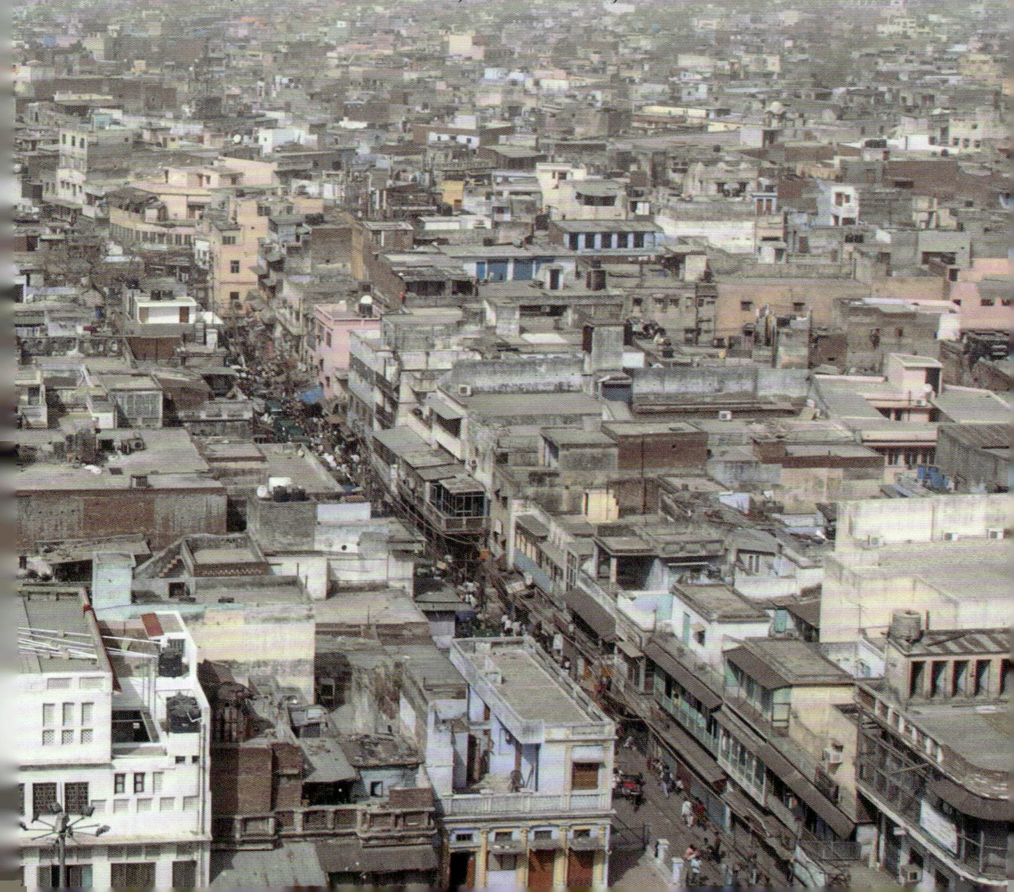

120 Straßenkinder

Leben zwischen Asphalt und Müll

In einer kleinen, müllverdreckten Nische zwischen zwei Häusern haben sie sich ihr Lager zurechtgemacht. Fünf Straßenkinder, die ich nun seit einigen Minuten beobachte. Ein Kleinkind liegt auf dem Boden, die anderen lungern herum, ein Junge mit verfilztem Haar kommt zu mir.

Ob ich ihm Geld geben würde. Oder etwas anderes. Er schlägt einen Mangosaft vor. Als wir gemeinsam vor dem Saftstand stehen und er die Flasche in den schwarzen Händen hält, strahlt er über das ganze Gesicht, bedankt sich und geht. Doch dieser Junge ist nur einer von 18 bis 20 Millionen Straßenkindern in Indien.

Die meisten Kinder der Straße leben in den Großstädten. Auf Müllhalden, in der Kanalisation oder in irgendwelchen dunklen Ecken schlagen sie ihr Nachtlager auf, bis es am nächsten Morgen wieder darum geht, etwas Essbares zu organisieren, schlicht zu überleben.

Ihr Weg auf die Straße führt meist über elende Familienverhältnisse. Schläge, Hunger, Missbrauch, Verzweiflung und große seelische Not haben die Kinder auf die Straße getrieben. Manchmal werden sie direkt von den Eltern vor die Türe gesetzt. Die Mehrheit der Straßenkinder kommt aber aus Familien, die auch auf der Straße leben. Diese Kinder schlagen sich tagsüber selbst durch und versuchen, Geld zu verdienen. Als Müllsammler ziehen sie Säcke hinter sich her oder sitzen im giftigen Feuerrauch und sammeln Nägel aus der Asche. Ein paar Rupien gibt es dafür.

Wachsam müssen sie dabei immer sein. Die Polizei hat sie schnell am Wickel, und dann setzt es auch mal eine Tracht Prügel. Wer Glück hat, ergattert einen Gelegenheitsjob – nicht selten mit 16-Stunden-Schichten. Nicht immer erhalten sie Lohn dafür. Kinder sind rechtlos. Straßenkinder erst recht. Viele kommen mit ihren Familien und der Hoffnung auf ein besseres Leben vom Land in die Großstädte. Dort werden sie meist bitter enttäuscht.

Im täglichen Überlebenskampf kann sich keiner um die Gesundheit kümmern. Krankheiten bleiben unbehandelt und viele dieser Kinder sterben. Um mit dem trostlosen Leben klarzukommen, investieren sie oft die paar Rupien, die sie haben, in Klebstoff. Damit wird es zwar nicht besser, aber für eine Weile schöner.

Süßspeisen

Süß, süßer, am süßesten

In den Auslagen stapeln sich kleine geometrische Formen in Weiß, Silber, Grün, Orange und Dunkelbraun. Kugeln, Dreiecke, Rauten, Quadrate – in sämtlichen Formen geschichtet, ist es mehr als ansehnlich, das indische Konfekt.

Die indische Küche kennt eine große Anzahl an Süßspeisen, von denen die meisten auf Milch basieren. Schokolade ist unüblich, schon klimatisch bedingt, aber deshalb bei Kindern umso beliebter *(»Madam, chocolate?«)*.

Das wohl bekannteste Konfekt ist *Barfi*, eine Masse aus eingedickter Milch, Fett und Zucker, manchmal mit Pistazien angereichert, in noblen Konfiserien auch mit Feigen, Nüssen und Safranfäden. Nicht ganz billig, doch eine wahre Gaumenfreude. Oft wird *Barfi* mit Rosenwasser oder Kardamom gewürzt und in hauchdünne Silberfolie gewickelt, die man mitisst.

Beim Süßwarentest dürfen *Laddus* nicht fehlen. Die Kugeln können aus unterschiedlichen Zutaten bestehen, wie geröstetem Kichererbsenmehl und Sesam, Mandeln, Pinienkernen, Gewürzen und Trockenfrüchten. Sehr süß und nur was für Zuckerjunkies sind die milchfreien *Jalebis*, frittierte und in Sirup getränkte gelbe Kringel aus Kichererbsenmehl, Zucker und Wasser.

Gulab Jamun klingt klebrig und das ist es auch. In Sirup servierte Bällchen aus Weizenmehl und Trockenmilch, die frittiert und dabei karamellig braun werden. Mit *Ras Malai* schließt der kleine Exkurs in die Zuckerwarenwelt Indiens. Diese in Sirup gekochten Milchbällchen werden oft mit Blütenessenzen oder Nüssen verfeinert und sind wohl auf der Beliebtheitsskala der Inder die Könige unter den Desserts.

Swastika
Geschändetes Symbol

»Uwe, schau mal, die ham hier ja Hakenkreuze«, sagt ein Frau und zeigt ungläubig auf ein Hakenkreuz am Eingang eines Tempels. Auch Uwe ist verwirrt: »Komisch, hier gibt's doch keine Nazis?«

Konversationen wie diese dürften in Indien häufiger stattfinden. Dabei waren es die Nazis, die sich dieses Symbol aneigneten. Die *Swastika*, wie das Hakenkreuz eigentlich heißt, ist ein Zeichen, das seit Jahrtausenden von unterschiedlichsten Kulturen verwendet wird. In Indien finden sich *Swastikas*, die 5.000 Jahre alt sind.

Das gemeinsame Erbe der Arier ist wohl der Grund, warum sich die Nationalsozialisten in der Symbolkiste der Hindus bedienten. Die Arier, hellhäutige Nomaden, suchten nach einem neuen Heimatland und zogen in drei unterschiedlichen Wellen los. Die eine machte in Persien halt, die andere in Indien und eine dritte zog bis nach Germanien weiter.

Das Wort *Swastika* kommt aus dem Sanskrit und bedeutet »zum Guten gehörend« oder »heilbringend«. Dabei gibt es zwei Unterscheidungsformen. Die nach rechts geöffnete *Swastika* dreht sich im Uhrzeigersinn und steht als glücksbringendes Symbol für die Sonne, das Feuer und das Leben. Dreht sich das Symbol nach links, symbolisiert es das Böse, Unheil und Tod. Beide Versionen werden von Jains und Hindus auf Häuserwände oder Tempel gemalt oder zieren Sticker, Götter, Boote und Bücher.

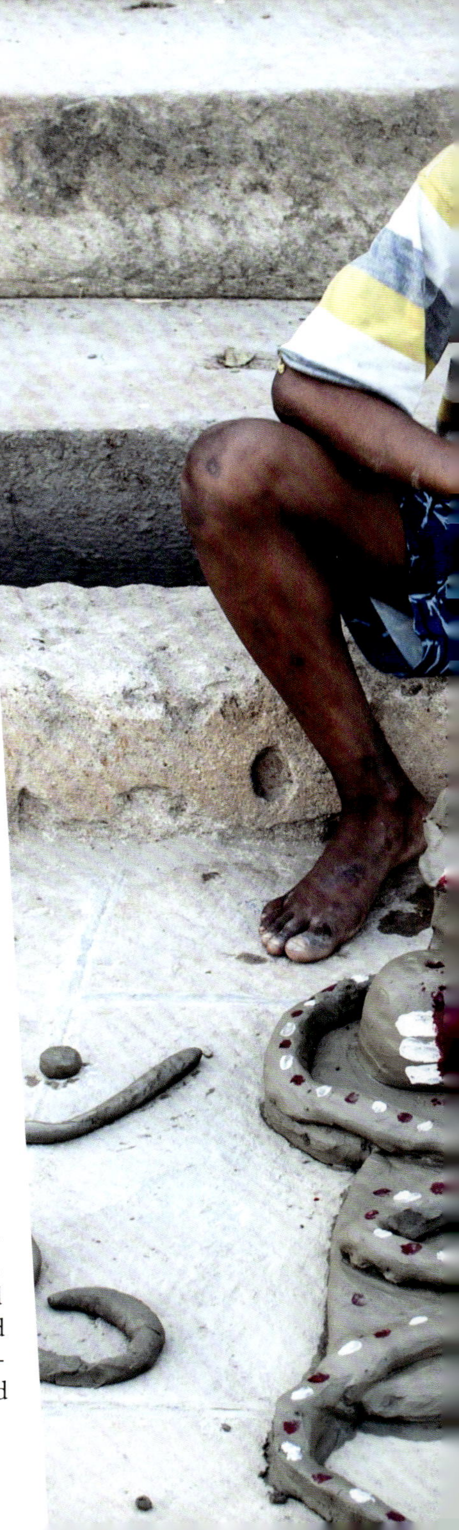

132 Taj Mahal
Monument der ewigen Liebe

»Eine Träne auf der Wange der Zeit«, so beschreibt Indiens berühmter Dichter Rabindranath Tagore das Taj Mahal. Die tiefe Trauer des Großmoguls Shah Jahan führte zu einem der schönsten Bauwerke, die je von Menschenhand geschaffen wurden.

Er ließ es zum Andenken an seine geliebte Hauptfrau Mumtaz Mahal bauen, die bei der Geburt des 14. Kindes starb. Im Todesjahr 1631 wurde mit dem Bau begonnen, fertig wurde das Meisterwerk indo-islamischer Baukunst 1648.

An Eleganz und Schönheit ist das bekannteste Grabmal der Welt kaum zu übertreffen.

Der Mogul ließ sich seine Liebe etwas kosten. 20.000 Arbeiter bauten an dem Monument, 1.000 Elefanten transportierten Baumaterial aus dem ganzen Land nach Agra, 28 verschiedene Halb- und Edelsteine wie Lapislazuli, Saphire und Diamanten wurden in den weißen Marmor eingefügt. Einer Legende nach ließ der Bauherr allen Handwerkern nach Fertigstellung des Taj Mahals eine Hand abhacken, damit kein anderer Herrscher dieses Monument großer Liebe imitieren könne. Ein trauriges Schicksal wartete auf ihn selbst. Wenige Jahre nach der Fertigstellung stürzte ihn sein Sohn vom Thron und ließ ihn im Agra Fort inhaftieren. Dort sah er das Taj Mahal bis zu seinem Tode in weiter Ferne aus seinem Kerkerfenster.

Tanz
Von Tempeltanz zu Disco Dance

Über Jahrhunderte hinweg wurde der klassische indische Tanz mit seinen religiösen Inhalten ausschließlich von *Devadasis* in Tempeln aufgeführt. Die *Devadasis* waren junge Tempeltänzerinnen, die nebenbei auch als Liebesdienerinnen tätig sein mussten.

Unter all dies zogen die britischen Kolonialherren einen Schlussstrich und verboten die Tänze der *Devadasis*, die sie mit Prostituierten gleichsetzten. Als in den 30er Jahren das Nationalbewusstsein erstarkte, besann man sich auf die alten Kunst- und Kulturformen. Es kam zu einer Wiederbelebung der klassischen Tänze, nun allerdings nicht mehr in Tempeln, sondern auf öffentlichen Bühnen.

In den unterschiedlichen Regionen entwickelten sich verschiedene klassische Tanzstile. Allen zugrunde liegt das *Natya Shastra*, ein Lehrbuch aus dem zweiten Jahrhundert, das alle Aspekte der Tanzkunst behandelt. Dort werden über 108 Körperhaltungen, 64 Handgesten, 13 Kopfdrehungen, 36 Arten von Blicken und sieben Möglichkeiten, die Augenbrauen hochzuziehen, beschrieben. Dadurch können von den stark überzeichneten Charakteren sämtliche Gefühlsregungen dargestellt werden, um die entsprechenden Gefühle beim Zuschauer auszulösen.

Aus Kerala stammt der dramatische Ausdruckstanz *Kathakali*, der meist Geschichten aus den Hindu-Epen *Mahabharata* und *Ramayana* darstellt und nur von maskenhaft geschminkten Männern getanzt wird. Die unterschiedlichen Gesichtsfarben verraten dem Zuschauer den Charakter der Person. Eine grüne Gesichtsfarbe weist auf einen guten Charakter hin, ein schwarz bemaltes Gesicht auf eine niederträchtige und gefährliche Person. Die Tänzer agieren pantomimisch und stellen die Geschichte durch komplizierte Körperhaltungen dar. Ein von Musikern begleiteter Sänger im Hintergrund singt den Text, den der Tänzer durch eine ausgefeilte Zeichensprache wiedergibt. Während *Kathakali* im Süden getanzt wird, ist das nordindische Pendant der klassische Tanz *Kathak*, der von islamischen Einflüssen geprägt ist. Im Gegensatz zu *Kathakali*, der auf den Fußaußenseiten getanzt

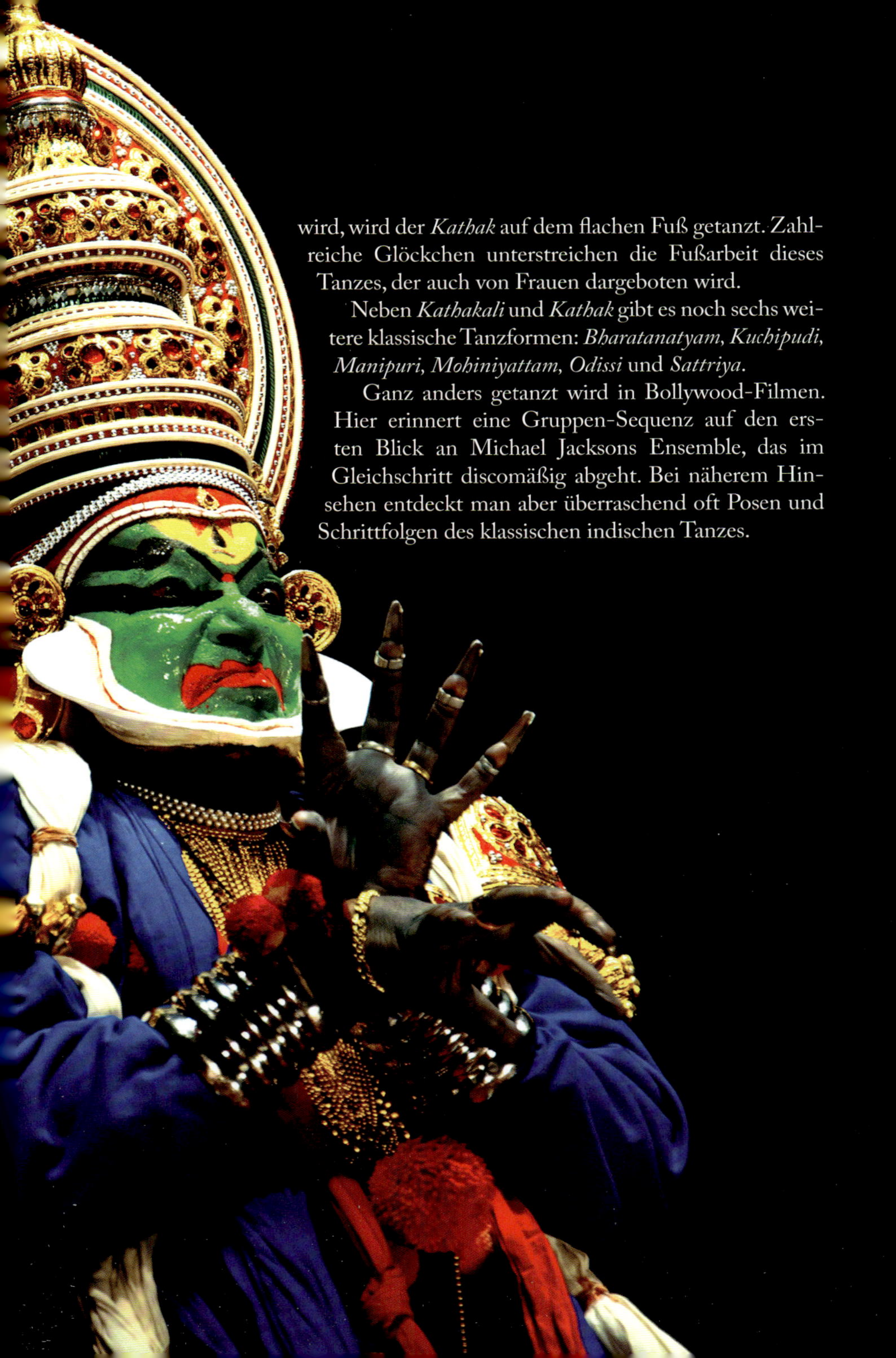

wird, wird der *Kathak* auf dem flachen Fuß getanzt. Zahlreiche Glöckchen unterstreichen die Fußarbeit dieses Tanzes, der auch von Frauen dargeboten wird.

Neben *Kathakali* und *Kathak* gibt es noch sechs weitere klassische Tanzformen: *Bharatanatyam*, *Kuchipudi*, *Manipuri*, *Mohiniyattam*, *Odissi* und *Sattriya*.

Ganz anders getanzt wird in Bollywood-Filmen. Hier erinnert eine Gruppen-Sequenz auf den ersten Blick an Michael Jacksons Ensemble, das im Gleichschritt discomäßig abgeht. Bei näherem Hinsehen entdeckt man aber überraschend oft Posen und Schrittfolgen des klassischen indischen Tanzes.

134 Tempel

Barfuß in die Welt des Rituals

Schuhe ausziehen – das steht am Anfang eines jeden Tempelbesuchs, denn jeder hinduistische Tempel, ob klein im Dorf oder riesig in der Pilgerstätte, wird barfuß betreten. Alles andere wäre ein Sakrileg.

Jeder Tempel ist einzigartig und doch gleichen sich alle hinduistischen Tempelanlagen in ihrer architektonischen Ordnung. Sie repräsentieren den Aufbau des Universums. In den Himmel ragen *Gopurams*, wie die reich verzierten Türme genannt werden. Sie stehen jeweils in der Mitte der Mauern, die konzentrische Innenhöfe einfassen. Anders als in Europa, wo sich die Wichtigkeit eines religiösen Bauwerks in seiner Größe ausdrückt, nimmt in der hinduistischen Tempelanlage die Höhe der Bauten zum Zentrum hin ab.

Meistens gibt es drei Innenhöfe. Im äußeren Hof liegen ein Tempelteich, die sogenannte Tausendsäulenhalle und ein eigener Tempel für die Gefährtin der Tempelgottheit. Im zweiten Innenhof stehen verschiedene Tempelhallen und Bauten für die Prozessionswagen der Götter.

Im Zentrum befindet sich ein Bau, der die Gottheit des Tempels in Form einer Statue oder eines Symbols in einer dunklen Kammer beherbergt. Im Ritual, das immer ein Priester ausführt, wird der Gott als anwesend erachtet. Am Ende des Rituals, in dem *Mantras* rezitiert und Opfergaben übergeben werden, markiert er die Stirn der Gläubigen mit einem roten Mal – als Zeichen, dass sie unter dem Schutz des Gottes stehen.

In jedem Hindu-Tempel herrscht ein Kommen und Gehen, denn einen festen Gottesdienstplan gibt es nicht. Auch ist der Besuch für gläubige Hindus kein Muss. Meist wird der Tempel aufgesucht, wenn es einen Anlass gibt, für den man den Beistand braucht, oder wenn das ganze Dorf einen Bus gechartert hat. Selbstverständlich besucht man einen Gott aber nicht mit leeren Händen. Süßigkeiten, Reis, Früchte, Blumen und Kokosnüsse sind beliebte Opfergaben, die vor jedem größeren Tempel verkauft werden. Demnach gleicht die Atmosphäre vor einem Tempel der eines bunten Bazars. Das Innere ist ein Ort der Andacht und des Gebets, auch wenn dort nichts an die Grabesstille einer europäischen Kirche erinnert.

Tempelhaar

Ein haariges Geschäft

Umso näher der Wallfahrtsort Tirumala rückt, desto größer wird die Zahl der Glatzköpfe, auch unter den Frauen.

Die kahlen Köpfe sind ein ungewohntes Bild in diesem Land, wo fast alle Frauen ihre kräftigen Haare bis zur Hüfte tragen. Dabei ist es ein alter Brauch, das Haar als eines der wichtigsten Attribute weiblicher Schönheit zu opfern. Hier in Tirumala wird es Venkateswara, einer Inkarnation Vishnus, dargebracht. Die Gottheit erfüllt Wünsche, spendet Schutz und erwartet als Gegenleistung – Haare.

Auf dem Tempelgelände wimmelt es von Haarlosen jeden Alters und Geschlechts, im Tempel von Friseuren. 600 ihres Standes wetzen die Rasiermesser und scheren im Akkord die Köpfe kahl. Das Haar wird nach Geschlechtern getrennt. Das ist für die Weiterverwertung und den Verkauf an die Perückenindustrie wichtig, da die Preise sich an der Qualität des Haares orientieren.

Bei 20 Millionen Pilgern im Jahr fallen tonnenweise Haare an. In Tirumala fließt der Erlös aus dem Haargeschäft und Geld- sowie Schmuckspenden in die Tempelstiftung, die davon 14.000 Beschäftigte bezahlt, Krankenhäuser, Schulen und Wohlfahrtsprogramme unterhält. 2003 kamen allein aus dem Haarverkauf vier Millionen von insgesamt 116 Millionen Dollar Einnahmen zusammen, gab die indische *Economic Times* Einblick.

Das ungefärbte indische Haar steht bei der Haarindustrie hoch im Kurs. Nach dem Verkauf, chemischer Behandlung und Verarbeitung ziert es dann die Frauenköpfe in den USA und Europa. Bis zu 10.000 Dollar kostet eine handgeknüpfte Perücke aus feinstem Echthaar. Selbst wenn die Pilger davon Kenntnis hätten, was mit ihrem Haar geschieht, würde sie es kaum stören. Sie haben es der Gottheit geopfert, in der Hoffnung um seine Gunst. Außerdem wächst es wieder nach.

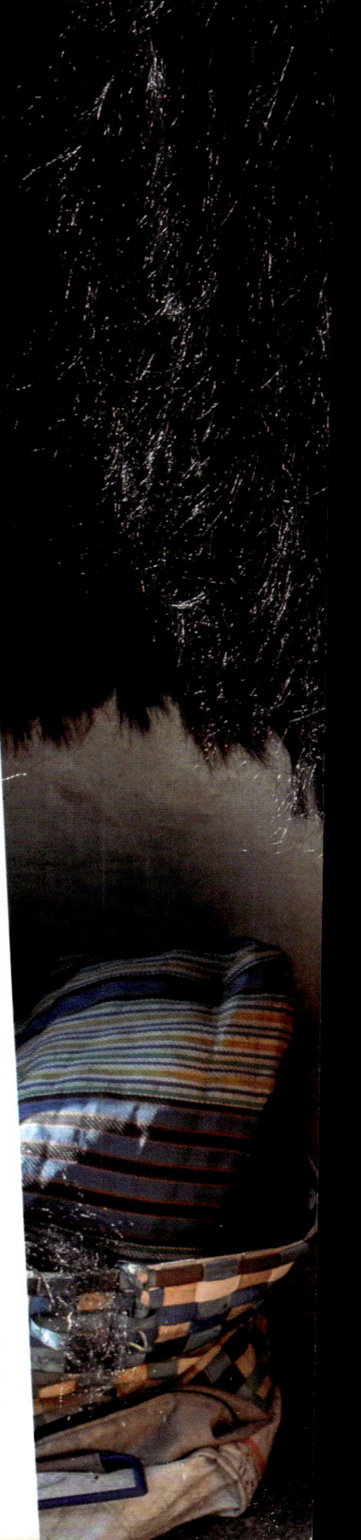

136

Thali

Darf's etwas mehr sein?

Ungekrönte Nationalgerichte sind *Thalis*, übersetzt »Platten«. Sie werden in ganz Indien angeboten und stehen in fast jedem Restaurant auf der Speisekarte.

Bestellt man ein *Thali*, so erhält man ein rundes Aluminiumtablett, auf dem kleine Metallschalen mit unterschiedlichen Speisen angerichtet sind. Je nach Region variieren die Speisen. Meist werden Currys, Gemüse, *Dal* (Linsenbrei), Joghurt, *Chutneys* und *Pickles* mit Reis und *Chapatis* gereicht – zusätzlich gibt es auch fleischhaltige *Thalis*. Im Süden des Landes werden die Mahlzeiten auf einem Bananenblatt angerichtet, das nach dem Essen weggeworfen wird.

In den meisten Restaurants werden die leeren Behälter bei Bedarf nachgefüllt. Ein Grund mehr, die leckeren *Thalis* auszuprobieren ...

Bengalischer Tiger

Königstiger in Gefahr

Der in Indien heimische Tiger, der Königstiger, ist der größte und schönste weltweit. Er ist das Nationaltier des Landes. Traditionell wird er als Reittier der Göttin Durga, der Göttin der Weisheit und Vollkommenheit, verehrt.

Das verhinderte nicht, dass der indische Tiger heute vom Aussterben bedroht ist. Waren es vor 100 Jahren noch 40.000 Tiger, so ist die Population auf alarmierende 1.500 Exemplare zurückgegangen. Dazu führte neben der Großwildjagd vor allem ein Faktor: der Verlust des Lebensraumes. Für Nahrungssuche, Paarung und Streifzüge braucht ein Tiger ungefähr 10 Quadratkilometer. In den besiedelten Gegenden gibt es diesen Raum nicht mehr. Mit der Anzahl der Beutetiere sinkt gleichzeitig der Bestand der Tiger. Wilderei des heute geschützten Tieres dezimiert die Zahl weiterhin. In Indien selbst gibt es keinen Markt für die erlegten Großkatzen, aber im benachbarten China sind Knochen, Felle und die als Aphrodisiakum geschätzten Penisse der Königstiger hoch im Kurs.

Für die bedrohte Wildkatze ist Indien mit 39 Schutzgebieten einer der wichtigsten Rückzugsräume. Außerhalb von Reservaten, die zusammen 32.000 Quadratkilometer umfassen, gibt es nach dem heutigen Wissensstand keine Tiger mehr. Nach Ansicht von Artenschützern reichen die vorhandenen Schutzgebiete allerdings nicht aus, um die Population langfristig zu erhalten.

Ein großes Problem ist das Zusammenleben von Mensch und Tiger in den Schutzgebieten. Reißt ein Tiger Nutztiere der Einheimischen, etwa am Rand eines Reservates, so wird dieser zur ökonomischen Bedrohung und getötet. Damit sich dieser Konflikt nicht verschärft, muss es Ausgleichszahlungen für die Geschädigten geben, fordern Naturschützer. Zur Sicherung der Zukunft des königlichen Nationaltiers.

TIGER IN INDI
नुसन्धान • पूछताछ •

Töchter

Die Last der Töchter

Sunita steht in dem Schönheitssalon und probiert nachgemachten Goldschmuck für ihre anstehende Hochzeit an. Mutter und Schwester stehen ihr dabei wortstark zur Seite. »Ja, ich bin sehr glücklich«, antwortet sie auf die Frage, ob sie sich auf die Hochzeit freue, auch wenn sie ihren zukünftigen Ehemann noch gar nicht kennt.

Ein neues aufregendes Leben beginnt für sie. Letztlich teilt sich das Leben der Töchter Indiens in zwei Phasen vor und nach der Heirat. Zunächst ist sie dem Vater und dann dem Ehemann Gehorsam schuldig. Es ist die Heirat mit dem unglückseligen System der Mitgiftzahlung, die dazu geführt hat, dass Mädchen von Anfang an die schlechteren Karten haben. Die Geburt eines Mädchens kann die Familie in den finanziellen Ruin treiben. Deshalb werden laut der *Indian Medical Association* jährlich fünf Millionen weibliche Föten abgetrieben. Die Folge davon ist ein Ungleichgewicht zwischen den Geschlechtern. Auf 1.000 Jungen werden nur 940 Mädchen geboren. Im Bundesstaat Haryana sind es sogar nur 846 Mädchen. Das hat in einigen Dörfern zur Bezahlung eines Brautpreises geführt, da Mädchen nun einen höheren Wert haben.

Mädchen haben es nicht leicht. Von Kindesbeinen an müssen sie im Haushalt mithelfen. Das wird die Rolle sein, die sie ihr Leben lang ausführen. Da sie nach der Heirat zur Familie des Mannes ziehen, nimmt man es mit der Schulbildung oft nicht so ernst. Nur 65,5 Prozent der Frauen können lesen und schreiben, während es bei den Männern 82,2 Prozent sind.

Es ist eine traurige Angelegenheit, dass in Indien Mädchen als Last gelten. Die Eltern mögen ihre Töchter lieben, ist aber das Geld knapp, dann wird nur der Sohn zum Arzt gebracht, in die Schule geschickt, mit gesünderer Nahrung und viel mehr Aufmerksamkeit versorgt. Die Kindersterblichkeit der Mädchen ist um ein Vielfaches höher.

Sunita verlässt in Kürze ihre Eltern. »Vor allem meine Mutter werde ich vermissen, aber bald werde ich sicher selber eine sein. Darauf freue ich mich besonders«, sagt sie lächelnd mit einem Seitenblick auf ihre Mutter. Eine andere Wahl als Ehefrau und Mutter zu werden, hat Sunita nicht.

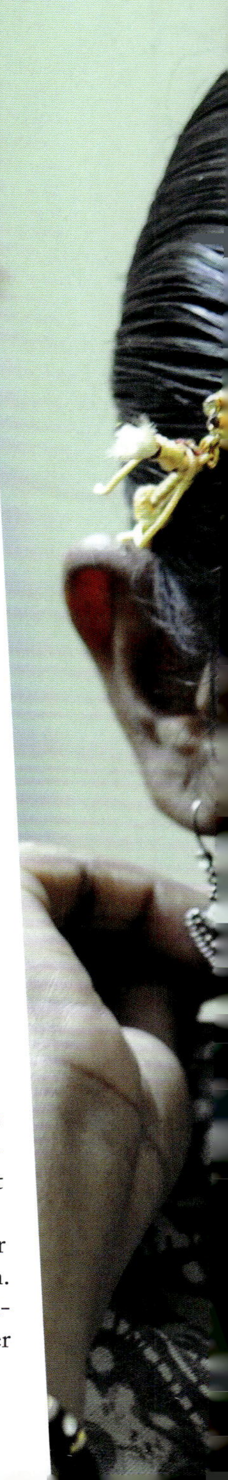

139 Tod

Dem Ende ganz nah

Varanasis verwirrende, enge Gassen mit kleinen Läden, Tempeln und Häusern führen hinunter zu den *Burning Ghats* am Ganges, wie die Verbrennungsstätten am Fluss genannt werden.

Leichen werden unter Rufen »*Ram nam satya hai*« (»Der Name Ramas steht für die letzte Wahrheit«) von Verwandten auf Bahren geschultert zum Ufer getragen. Teilweise haben die Leichen weite Reisen hinter sich. Aus ganz Indien werden gläubige Hindus nach Varanasi transportiert, weil es der heiligste Ort ist, um seine Überreste verbrennen zu lassen. Ein Verbrennen in Varanasi verspricht die Erlösung aus dem quälenden Kreislauf ewiger Wiedergeburt. Wegen des Andrangs brennen die Leichenfeuer Tag und Nacht. Meterhoch liegen Holzscheite aufgeschichtet und warten darauf, menschliche Überreste in Asche zu verwandeln.

Die Szenerie ist absurd. Brennende Feuerscheite, unter denen die Toten begraben sind und deren Füße aus dem Holzstoß herausragen. Die männliche Verwandtschaft sitzt um die lodernden Scheite, bis das Feuer mit seiner ungestümen Kraft den Körper vernichtet hat. Dazwischen Männer und Kinder, die Holzscheite anschleppen, um die Feuer weiter zu schüren, ein Mann, der in den verglommenen Feuern nach Goldzähnen und Schmuck scharrt, Hunde, die auf Knochen hoffen. Man hört es brutzeln und der Rauch trägt den Geruch von verbranntem Fleisch als letzten Gruß des Toten davon. Daneben spielen Kinder, pinkelt ein Mann ins Wasser, steht eine Gläubige im Fluss und betet, liegen Blumengirlanden neben Müll am Ufer. Näher kann der Tod dem Leben nicht sein.

Nicht alle toten Hindus dürfen verbrannt werden. Davon ausgenommen sind Schwangere, Leprakranke, Heilige, Kinder und durch einen Kobrabiss Getötete, die unverbrannt dem Ganges übergeben werden. Manchmal treibt ein aufgeblähter Körper im dunklen Wasser. Ungewohnt für westliche Augen, für die der Tod normalerweise unsichtbar bleibt und kulturell so ausgeklammert ist, als sei er lediglich eine Legende aus einer anderen Zeit. Schonungslos zeigt sich hier die Endlichkeit des Erdendaseins, gnadenlos vor Augen geführt, nahe bei den ewig brennenden Feuern.

140 Toleranz

Fünf Finger sind eine Hand

»Schauen Sie meine Hand an. Jeder Finger ist anders und doch ist es eine Hand. Genauso ist Indien.«

»Wir sind alle verschieden, Hindus, Muslime, Christen, Jains oder Sikhs – und doch alle Inder«, erklärt mir mein Tischnachbar weiter und beantwortet so meine Frage, ob es seiner Ansicht nach Probleme zwischen den unterschiedlichen Religionen gibt. Eine schöne Allegorie, die etwas differenziert betrachtet werden sollte.

Die meisten Hindus halten ihre Gesellschaft für tolerant, was nicht ganz falsch ist. Der Hinduismus ist eine weltoffene Philosophie, die sich nicht scheut, Heilige anderer Religionen in ihren Götterkreis aufzunehmen. Toleranz ist ein ganz wesentliches Element des Hinduismus. Doch gibt es auch hier Hardliner, die den Hinduismus über andere Religionen stellen und dadurch ihre angestrebte Vormachtstellung im Land begründen. Nicht nur Muslime sind im Visier der Hindu-Nationalisten, auch Christen sind unerwünscht. Leider kommt es immer wieder zu grausigen Gewalttaten gegen Christen und Muslime, da die Hetze der Hindu-Nationalisten bei einem kleinen Teil der Bevölkerung auf fruchtbaren Boden stößt.

Die große Mehrheit im Land – ob Hindu, Muslim, Jain, Sikh, Buddhist oder Christ – ist allerdings sehr tolerant und friedfertig. Für sie ist Indien ein lebendiges Beispiel eines vielfältigen, toleranten Landes, in dem jeder seinen Platz findet.

Touristen

Indien – einmal und nie wieder?

»Indien ist für mich Inspiration. Dies ist meine erste Reise nach Indien und sicher nicht meine letzte.«

»Ich habe gelernt, das Leben mit anderen Augen zu sehen, die Leute hier sind arm und haben doch so viel Freude in sich. Und bei uns? Da wird gemeckert, weil die Bahn zu spät kommt oder das neue iPhone zu teuer ist«, sagt die 27-jährige Ägypterin Selma aus London und hofft, sich die Eindrücke auch in der businesslastigen englischen Stadt erhalten zu können.

Huan aus Peking ist mutig. Heute, an ihrem letzten Tag der 14-tägigen Reise, geht sie zum ersten Mal ohne Mundschutz durch die Stadt. »Ich bin an Geschichte interessiert und da muss man einfach nach Indien. In China haben mich alle für verrückt erklärt. Alle fragten mich, was ich in dem dreckigen Land will, wo es nichts zu essen und zu trinken gibt. Deswegen besteht mein ganzes Reisegepäck aus Wasserkanistern und Dosen. So ein Mist.«

Der Student Jan aus Augsburg liebt Indien, vor allem das Kiffen in internationaler Runde. »Alles ist ungezwungen und *easy going*. Aber das Reisen ist anstrengend. Deshalb fahr ich jetzt wieder nach Goa zum Relaxen.«

Eine ganz andere Motivation hat der Engländer John für seinen Indienbesuch. Vor genau 40 Jahren lebte er für zwei Jahre in Indien. Seitdem ist er nie wieder gekommen. Nun ist er auf Spurensuche, nach seinen eigenen und denen der damaligen Weggefährten.

Marc aus Nordengland, ein älterer Hippie, kommt seit vielen Jahren immer wieder. Er ist abhängig vom Land, sagt er. In England hecheln die Menschen nur der Kohle hinterher, das macht ihn depressiv.

Kaya aus der Ukraine ist auf dem Weg in den Ashram von Baghwan in Poona. »Ich will meditieren und erleuchtet werden, wäre ja auch nicht schlecht, oder?«, sagt sie lachend in gebrochenem Englisch.

Ingmar, der 52-jährige Schwede, ist mit einer Reisegruppe hier. »Wir haben eine Rundreise durch Rajasthan gemacht, jetzt geht es noch nach Kerala. Es ist eine schöne Reise, aber ob ich nochmal komme? Nein, ich glaube nicht. Die Armut, der Gestank und der Dreck – das ist nichts für mich.«

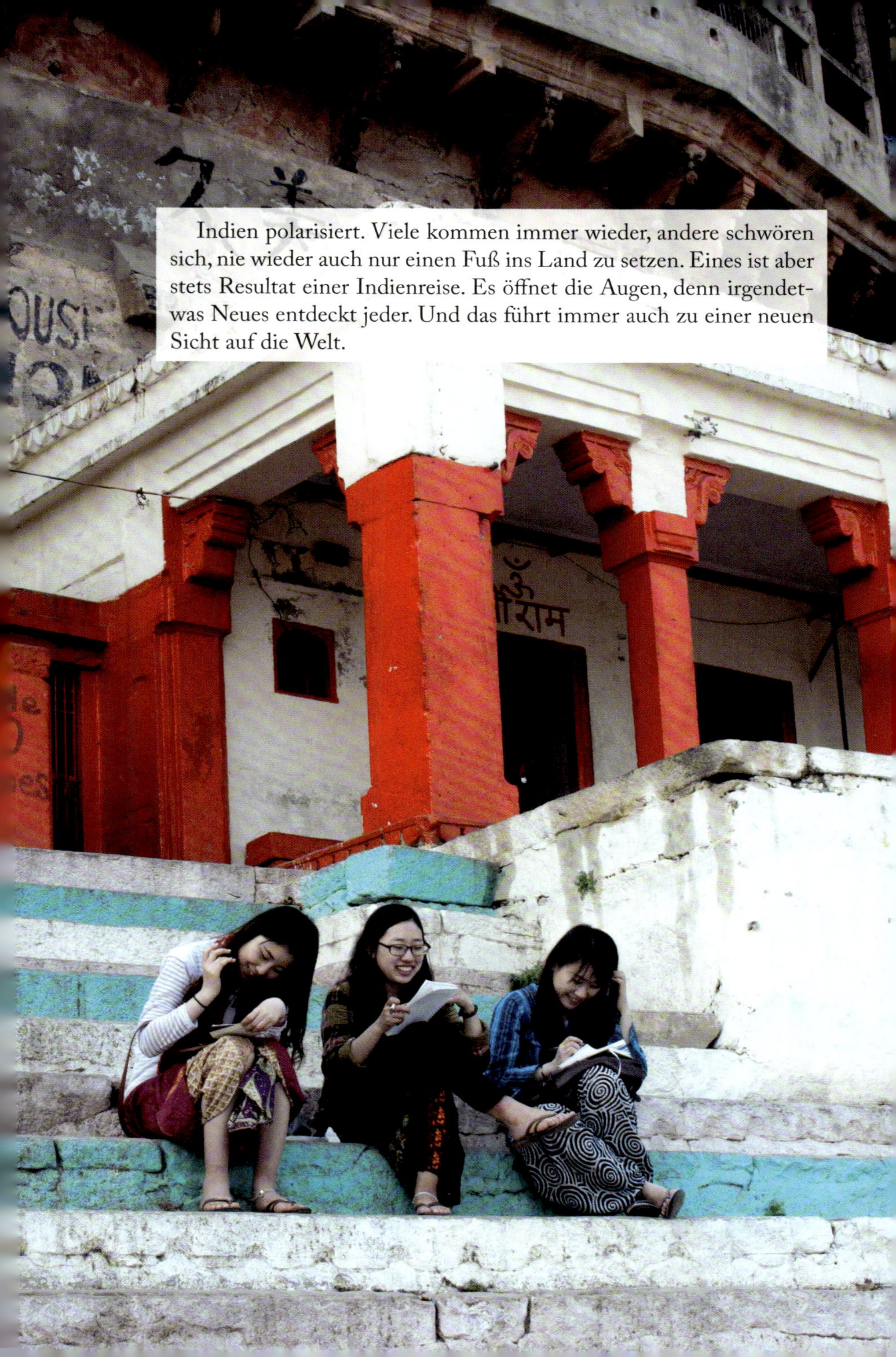

Indien polarisiert. Viele kommen immer wieder, andere schwören sich, nie wieder auch nur einen Fuß ins Land zu setzen. Eines ist aber stets Resultat einer Indienreise. Es öffnet die Augen, denn irgendetwas Neues entdeckt jeder. Und das führt immer auch zu einer neuen Sicht auf die Welt.

142

Transport

And the winner is …

Ein Ochsenkarren überquert die stark befahrene Straße, schwer beladen mit Holz. Der Fahrer schlägt mit einem Stock auf das Hinterteil seines tierischen Motors. Der Ochse ist dabei die Ruhe selbst und trottet so langsam wie möglich über den Asphalt.

Die Autos und Lkws stauen sich und hupen ungeduldig. Motor- und Fahrräder schlängeln sich geschickt durch die Lücken. Eine Rikscha am Straßenrand platzt aus allen Nähten, weil eine halbe Schulklasse in ihr Platz nehmen will. Eine alltägliche Situation in Indiens Großstädten – Transport der Menschenmassen auf überfüllten Straßen. Ein Grund, warum viele Menschen die Vorortzüge benutzen. Doch auch hier hängen zur Rushhour große Menschentrauben aus den Zugtüren.

Für längere Reisen ist der Zug das beliebteste, weil günstigste und zuverlässigste Transportmittel, wenngleich Zuverlässigkeit nicht der westlichen Berechenbarkeit eines Fahrplans gleichkommt. Wer nicht rechtzeitig bucht, dem bleibt nichts anderes übrig, als mit dem Bus zu reisen. Und das kann unangenehm eng und mitunter gefährlich werden.

Faszinierend, wie Waren befördert werden. Da werden Kartons und Taschen auf Köpfen, Säcke auf Rücken und allerlei Waren auf Holzkarren transportiert. Oder auf Fahrrädern, die teilweise nicht mehr als solche zu erkennen sind, weil Töpfe rundherum befestigt sind und so von A nach B gebracht werden. Und dann die Wagen, dermaßen mit Heu beladen, dass sie die Höhe eines zweistöckigen Hauses annehmen.

Der Preis für »möglichst viel auf möglichst wenig Fläche zu transportieren« geht hiermit an Indien.

Turbane

Eine Kopfbedeckung und mehr

Der Orient ist für Deutschlands Dichter seit jeher ein Faszinosum. So schrieb bereits Goethe im Faust II: »Das Würdige beschreibt sich nicht. Doch das gesunde Mondgesicht, ein voller Mund, erblühte Wangen, die unterm Schmuck des Turbans prangen.«

Obwohl der Turban ein Synonym für die indische Kopfbedeckung ist, stimmt dies nur mit Einschränkung, denn weniger als 10 Prozent der Inder tragen ihn. Vor allem die Sikhs, die aus dem Punjab in Nordindien stammen, tragen den *Dastar*, wie der Turban von ihnen genannt wird, als religiöses Symbol. Doch nicht alle Sikhs tragen zwangsläufig Turbane, dafür einige Hindus, dann heißt der Turban *Pagri*. Dabei kann so ein Turban ungeheuer praktisch sein. Neben seiner Funktion als Sonnenschutz wird er abgewickelt als Kopfkissen, Leintuch und zum Hochziehen und Filtern von Brunnenwasser benutzt.

Vor allem zu Hochzeiten wird der Turban auch von sonst barhäuptigen Männern verwendet. So gibt es noch heute professionelle Turbanbinder, die früher am Hofe der Fürsten angestellt waren und nun in speziellen Läden ihre Dienste anbieten.

Turbanstile sind vielfältig. Es heißt, im nördlichen Bundesstaat Rajasthan ändern sie sich alle 15 Kilometer. Aus der Art des Turbans kann man Rückschlüsse auf den Träger ziehen. Etwa 25 Meter lang, aber nur 30 cm schmal sind die Stoffstreifen der Kaufmänner. Sie werden wie eine Kordel um den Kopf gewickelt. Die Turbane der Brahmanen sind neun Meter lang, aber einen Meter breit, und die eines einfachen Bauern sind eher klein und aus grobem Material.

In Großbritannien leben die meisten Sikhs in Europa und sind dort mit einem Sonderrecht ausgestattet. Als einzige Gruppierung im vereinigten Königreich dürfen die turbantragenden Sikhs ohne Helm fahren. Außerdem erwägt man für die im Polizeidienst angestellten Sikhs die Entwicklung kugelsicherer Turbane.

144 Unberührbare

Unterdrückt und ausgegrenzt

Ein Mann mittleren Alters in dreckigen Hosen und zerrissenem Hemd kriecht auf dem Boden des Zuges herum, fegt den Abfall der Reisenden zusammen und wirft den Unrat in einen Sack. Bestenfalls bekommt er eine kleine Spende, schlechtestenfalls abwertende Blicke oder Ignoranz.

Er ist einer von 240 Millionen indischen *Dalits*, »Unterdrückte«, wie sich die Unberührbaren selber nennen. Das ist fast ein Viertel der indischen Bevölkerung.

Als die indoarischen Eroberer das Land einnahmen, schlossen sie die Ureinwohner von ihrem Kastensystem aus. Sie wurden als unrein gebrandmarkt und Opfer von Rassismus und Diskriminierung. Jegliche Interaktion mit einem Unberührbaren war undenkbar. Selbst Ihr Anblick oder ihr Schatten wirkte kontaminierend. Um ein zufälliges Aufeinandertreffen zu vermeiden und andere vor ihrem Auftauchen zu warnen, wurden sie gezwungen, sich mit Glöckchen bemerkbar zu machen. Außerdem durften sie nur Tätigkeiten ausführen, die für alle anderen als unrein galten. Toilettenreiniger, Gerber, Müllsammler – das waren die Berufe der *Dalits*.

Heute gibt es Reservierungsquoten für Unberührbare, das heißt, dass ein gewisser Prozentsatz der Stellen im öffentlichen Dienst für *Dalits* bereitgestellt wird. Auch wenn heutzutage *Dalits* in höchste politische Ämter aufsteigen können – 1997 wurde erstmals ein *Dalit* zum Staatspräsidenten gewählt – ist ihre Situation längst nicht rosig.

In den Städten lassen sich die räumlichen Grenzen nicht mehr aufrechterhalten und die Hierarchie nach Kasten ist weniger wichtig. Wie überall auf der Welt erfolgt hier die Trennung nach wirtschaftlichem Status. Wer arm ist, hat weniger Jobchancen als jemand, der aus reichem Hause kommt und eine gute Schulbildung genießt.

Auf dem Land sind dagegen die alten Strukturen noch sehr präsent. Viel zu häufig werden *Dalits* Opfer blinder Gewalt. Nicht selten ist ihnen die Benutzung des Dorfbrunnens verboten und sie müssen in räumlich abgetrennten Bereichen leben. Zu oft werden sie so behandelt, als seien sie tatsächlich eines: unwürdig, berührt zu werden – und stehen dort, wie es das Kastensystem seit jeher lehrt, außerhalb der Gesellschaft.

Varanasi

Seide und Tempel, Boote und Tote

»Madam, boat? Madam, boat? Madam, boat?«

Madam kann es nicht mehr hören, gibt klein bei und steigt ins Boot. Noch ist es grau über dem Ganges mit den steinernen Ufertreppen, hinter denen die Stadt herauswächst. Als die Sonne ihre ersten Strahlen über den Fluss schickt, fängt es an zu leuchten. Die Mauern der alten Paläste und Häuser, der langen Treppenreihen und Tempel erstrahlen in rötlichem Glanz. Mit jedem Zentimeter, den die Sonne zurücklegt, wird es farbenprächtiger. Frauen und Männer beim Gebet und der Morgenwäsche. Die Farben der bunten *Saris* spiegeln sich im dunklen Wasser wider. Allein für diese Kulisse lohnt die Reise nach Varanasi, die als eine der ältesten Städte der Welt gilt.

»*This is burning place, madam, 350 kg wood for one burning. After burning, soul is free*«, sagt Rocky, der Ruderer mit den orangegefärbten Panlippen, während er extrem langsam rudert. Hier pocht das Herz des Hinduismus. An den Ufern steigt Rauch von brennenden Holzscheiten und Toten auf und schwebt mit dem Gesang von Sanskritgebeten aus irgendeinem Tempel über den Fluss. Wer sich hier verbrennen lässt, der entkommt dem Kreislauf der Widergeburt und erlangt *Moksha*, Befreiung, so der Hinduglaube.

Diese eigentümliche Stadt ist Shiva gewidmet, deshalb ist sie bei vielen *Sadhus* beliebt. Die es ernst nehmen, sitzen ruhig am Ufer. Die anderen betteln oder sitzen mit Touristen herum und reichen ihnen qualmende *Chillums*. *»You come later to my brother shop. Varanasi is famous for silk«*, unterbricht Rocky die *Madam* bei ihrem Gedankengang. Varanasi ist die Seidenstadt. Alte Männer und Kinder hocken hier an Webstühlen oder nähen in mühsamer Handarbeit Paillette für Paillette an seidene *Saris*. *Madam* hat eine *Silk*-Schlepppertour durch verwirrendes Gassengewirr schon hinter sich und zeigt keine Begeisterung. *»Then you come this evening in my boat, Arati, evening ceremony«*, schlägt Rocky geschäftstüchtig vor. In dieser Abendzeremonie wird dem Ganges als Göttin Ganga Tribut gezollt. Priester schwenken Feuerkelche und Pfauenfedern zu heiligen Liedern und enden mit dem Blasen in Shivas Muschelhorn. Mit einem unehrlich gemeinten *»maybe tomorrow«* gibt sich Rocky zufrieden, und als die Sonne auf halb acht steht, will *Madam* aus dem Boot und hinein ins Getümmel, ins *»madam, silk, madam, sari, madam buy this, madam buy that«*, zurück ins pulsierende Leben der Stadt, an deren Seite der Tod steht.

Vegetarismus
Paradies für Vegetarier

Wohl in keinem Land der Welt kommen Vegetarier so auf ihre Kosten. Und nirgendwo dürfte es so viele Vegetarier geben. 25 Prozent der indischen Bevölkerung sind reine Vegetarier, also etwa 250 Millionen Menschen.

Während hierzulande in ländlichen Restaurants der obligatorische Salatteller für Vegetarier häufig das einzige Speiseangebot darstellt, mit etwas Glück neben gebackenem Camembert, gibt es in Indien Orte, in denen generell tierische Produkte oder zumindest Fleisch verboten sind. Streng religiöse Hindus verzichten ohnehin auf Fleisch. Durch den Karmaglauben an die Wiedergeburt der Seelen auch in Tierkörper kommt der Fleischverzehr Kannibalismus gleich.

Nach der Einteilung aller Dinge in drei Grundeigenschaften, in *Tamas*, *Rajas* und *Sattva*, wird Fleisch *Tamas* zugeordnet. *Tamas* steht für Schwere, Trägheit und Verunreinigung und *Rajas* für die Leidenschaft. Das Gegenteil von *Tamas* ist *Sattva*. Nach hinduistischer Ansicht soll jeder Mensch sein *Sattva* erhöhen, das zu Klarheit und Erkenntnis führt. Deshalb gehört für viele Hindus Gemüse statt Fleisch ins Curry.

Vegetarische Ernährung ist nach hinduistischer Philosophie eine der Voraussetzungen für spirituelle Entwicklung. Das war nicht immer so. In einigen Schriften aus vedischer Zeit gibt es Hinweise auf den Verzehr von Fleisch, allerdings dürfte es sich dabei um Opfertiere gehandelt haben. Die gestiegene Bedeutung von *Ahimsa* könnte das Fleischverbot gefördert haben. *Ahimsa*, der Aspekt der Gewaltlosigkeit, umfasst den Respekt vor der Natur und all ihren Wesen. Tötung und Verzehr von Tieren kommen dadurch einem gewalttätigen Akt gleich.

Wasser

Versiegende Quellen und gigantische Staudämme

Plötzlich tröpfelt es nur noch aus dem Wasserhahn, bis das bisschen Wasser dann auch noch versiegt. Wasserrationalisierung in der Trockenzeit kommt vor, in einigen Gegenden Dehlis fließt das Wasser dann gerade mal 15 Minuten.

Nicht viel besser sieht die Situation auf dem Land aus. Dort hat ein Drittel gar keinen Zugang zu Trinkwasser. Die Wasserkrise verschärft sich. Mit zunehmender Bevölkerung wird immer mehr Wasser gebraucht, das schon jetzt knapp ist. Kriege um Ressourcen wie Wasser bleiben hoffentlich nur ein Horrorszenario.

Der Grundwasserspiegel sinkt kontinuierlich bei nachlassender Wasserqualität durch Kontaminierung mit Arsen und anderen hochgiftigen Chemikalien. Die größten Flüsse stehen kurz vor dem Kollaps. Flüsse, aus denen sich Millionen Anwohner täglich ihr Trink- und Brauchwasser schöpfen. Abholzung ganzer Landstriche führt zu schneller Versickerung des Regenwassers. Wassermangel kann zum Riesenproblem werden, steuert die indische Regierung nicht schnellstmöglich mit geeigneten Maßnahmen dagegen an.

Um die Wasserverteilung zu steuern und Energie zu gewinnen, sind zahlreiche Staudammprojekte, teils unter erbittertem Widerstand, durchgeführt worden. 35 Millionen Menschen wurden umgesiedelt, ein großer Teil davon mit Gewalt. Vor allem die *Adivasi*, die Ureinwohner Indiens, werden wegen dieser fragwürdigen Großprojekte aus ihrem Lebensraum vertrieben.

118

WC

Die Sache mit der Notdurft

Auf dem Land ist in den Morgenstunden hinter den Büschen ordentlich Betrieb. Nur ein Drittel der Bevölkerung hat Zugang zu einer Toilette und deshalb werden die täglichen Bedürfnisse von etwa 700 Millionen Indern im Freien verrichtet.

Während auf dem Land die Notdurft zum Düngemittel wird, ist sie in den Städten ein enormes Problem. Hier stinken die Haufen so lange vor sich hin, bis sie von Fliegen abgetragen werden.

Öffentliche Toiletten gibt es vereinzelt, doch sind diese entweder kostenpflichtig oder nur für Hartgesottene und oft wegen überquellender Verstopfung noch nicht einmal für diese betretbar. Millionen Obdachlose und Slumbewohner haben ohnehin keine Alternative zur Erleichterung unter freiem Himmel. Die Rupien für einen Klogang werden fürs Essen gespart.

In den Restaurants, Hotels, Bahnhöfen und Zügen gibt es meist Hocktoiletten, die, nomen est omen, in der Hocke sitzend benutzt und mit einem kleinen Wasserbehälter nachspült werden. Toilettenpapier benutzt lediglich die westlich orientierte Oberschicht, der restlichen Bevölkerung dienen die linke Hand und etwas Wasser zur Reinigung. Eine Methode, die bei längeren Reisen in abgelegene Gebiete in Betracht gezogen werden sollte, will man nicht mit einem Rucksack voller Klopapier durchs Land reisen. Übrigens, die linke Hand gilt deshalb als unrein und sollte unter keinen Umständen zum Essen oder Händeschütteln benutzt werden.

Wunder
Miracles made in India

Am 21. September 1995 kommt eine sensationelle Meldung aus Indien. Die Götter geben sich zu erkennen und trinken Milch. Wie bitte? Ja, sie trinken Milch, literweise und im ganzen Land.

Es fängt noch vor Sonnenaufgang an, die Götter in den Tempeln werden wie jeden Morgen abgedeckt, mit Blumen geschmückt, mit flüssiger Butter oder Milch übergossen, bekommen einen Farbtupfer auf die Stirn – und da geschieht das Unglaubliche. Ein Priester hält einer Statue des Ganesh, dem Elefantengott, spielerisch einen Löffel Milch hin und der Löffel leert sich. Als die Sonne emporsteigt, laufen bereits die Telefondrähte im ganzen Land heiß. Überall scheinen die Götter plötzlich Milchdurst zu haben. Die Meldungen reißen nicht ab. Selbst in England, Hongkong und Singapur stehen Tausende Hindus vor den Tempeln, mit Milchflaschen und Löffeln bewaffnet.

In Delhi und anderen Städten im Norden bricht der Verkehr zeitweise zusammen, die Schulen und selbst die Regierungsgebäude schließen frühzeitig. Der durstigste Gott scheint Ganesh zu sein, doch auch Parvati, Krishna und die anderen trinken löffelweise Milch. Allein in Delhi machen sich 59 Prozent der Bevölkerung, das sind sechs Millionen Menschen, zu den Tempeln auf, es werden zusätzliche 120.000 Liter Milch verkauft. In ganz Indien sind es an die 50 Millionen und alle wollen gesehen haben, wie die Götter, allen voran Ganesh, Milch getrunken haben. Für die Gläubigen ein Zeichen dafür, dass Ganesh auf die Erde kommt, um Probleme zu lösen.

Ein Jahr nach dem Wunder demonstriert der Wissenschaftler Gauhar Raza vom Institut *Nistad*, das den Regierungsauftrag hat, Wunder nachzuweisen und so den wissenschaftlichen Geist im indischen Volk zu stärken, das Unerklärliche an einer Sammlung von Ganesh-Statuen aus unterschiedlichen Materialien. Durch eine Kombination aus Oberflächenspannung und Siphonwirkung werde Milch aufgesaugt und am Körper der Statue herabgeleitet. Doch ist es wirklich möglich, dass Millionen Inder von einem physikalischen Phänomen in die Irre geführt wurden und die herabfließende Milch übersehen haben? *The answer, my friend, is blowing in the wind; the answer is blowing in the wind.*

నాయక టీ స్టాల్
TEA
COFFE
MILK

150

Yoga

Vom Lotussitz zum nach unten schauenden Hund

Als ich vor zwei Tagen hörte, ein über 100-jähriger *Yogi* lebe fünf Kilometer außerhalb des kleinen Ortes, war meine Neugier entflammt. Jetzt sitze ich auf dem Boden vor einem weißhaarigen Mann mit langem Bart, der im Lotussitz, eine Art Extremschneidersitz, bei dem die gekreuzten Füße auf dem jeweils anderen Oberschenkel ruhen, auf einem roten Sofa thront.

Die riesige Halle ist nahezu leer, eine große Feuerstelle für Zeremonien ist im Boden eingelassen, Erinnerungsfotos an den Wänden, ein paar Matratzen. Ich will die Geheimnisse des Yoga ergründen und frage ihn danach. »Setz Dich in den Lotussitz«, sagt er, und ich ziehe meine Füße auf die Oberschenkel und sitze vor ihm. »Wie lange kannst Du darin sitzen?«

Es schmerzt. »Eine halbe Stunde«, übertreibe ich.

Dass bereits vor 5.000 Jahren im Lotussitz gesessen wurde, davon zeugen Statuen aus dem Industal. Lange wurden die Yogalehren mündlich von Lehrer zu Schüler weitergegeben. Der Begriff Yoga und wesentliche Elemente des Yoga tauchen zum ersten Mal in den *Upanishaden* (Sammlung philosophischer Schriften des Hinduismus) um 400 v. Chr. auf. Eine der wichtigsten alten Schriften sind die Yoga-*Surtas* von Patanjali, der das überlieferte Wissen um 400 n. Chr. zusammenfasste. Die klassischen Schriften beschreiben vier Yogawege.

Raja Yoga, der sogenannte achtgliedrige Weg nach Patanjali, der auf Kontemplation und Meditation ausgerichtet ist, *Jnana Yoga,* der philosophische Weg des Wissens und der Erkenntnis, *Karma Yoga,* der Weg des selbstlosen Handelns und *Bhakti Yoga,* der Weg der Hingabe an Gott.

Die im Westen bekannte Form des *Hatha Yogas,* mit Körperübungen, die Namen wie »nach unten schauender Hund« tragen, entwickelte sich erst später und zwar mit dem Ziel, den Körper für die langen Meditationen im Lotussitz zu kräftigen. Mit der Zeit entstanden mehr und mehr *Asanas,* wie man die Körperübungen nennt, denn man erkannte die positiven Wirkungen auf den Körper. Heute geht es im Westen beim Yoga primär um die Balance von Körper, Seele und Geist. Doch ursprünglich war Yoga mit dem Ziel der Erleuchtung ausschließlich spirituell ausgerichtet, was in Indien noch von vielen *Yogis* wie vor tausenden Jahren praktiziert wird. Nämlich meditierend im Lotussitz, oft unter Extrembedingungen im Himalaya.

»Ihr im Westen denkt, Yoga bestehe nur aus Körperübungen«, sagt der alte *Yogi,* »wenn Du mindestens drei Stunden im Lotus sitzen kannst, dann komm wieder. Das ist der Anfang des Yoga.«

151 Zeit

1 Minute, 1 Stunde, 1 Jahr, 1 Leben

»Wait one minute.«

Hört man diesen Satz, sollte man ihm definitiv keinen Glauben schenken. *One minute* kann so ziemlich alles bedeuten – außer ›eine Minute‹. In einem Land, in dem dasselbe Wort für ›gestern‹ wie auch für ›morgen‹ steht, ticken die Uhren anders. Sie ticken im Hier und Jetzt. Alles andere kommt oder ist vergangen und dadurch von geringerer Wichtigkeit.

Und Recht haben sie ja, die Inder. Während sich auf heimischen Bahngleisen hochrote Köpfe bereits nach fünf Minuten Verspätung empören, ist man in Indien relaxt. Manchmal ist der Zug pünktlich, meist eben nicht. Gelassenheit ist angesagt. Zeit ist nicht so überlebenswichtig wie in unseren Breitengraden, was mehr Freiheit gewährt, aber auch mehr Zeit in Anspruch nimmt. Uhr ablegen, Handy zuhause lassen und zeitvergessend durch Indien reisen. Ich garantiere Ihnen, es funktioniert.

Avio
QUARTZ
Promise
QUARTZ
Avio
QUARTZ
Promise
QUARTZ
Promise
Avio
Avio
QUARTZ
MADE IN INDIA

Danksagung

Mein allergrößter Dank geht an Kloot Brockmeyer für ihre tatkräftige und ausdauernde Unterstützung beim Korrekturlesen und ihre schönen Fotos. Des Weiteren bedanke ich mich bei Anne Rathwallner fürs Korrekturlesen und die Beratung bei der Fotoauswahl, Tanja Driemel, die mir eine sehr große Hilfe war und schlimmste Textholprigkeiten eliminiert hat, und Carmen Gundel für ihre Lesebereitschaft. Des Weiteren vielen Dank an Mareike Hube, Iris Kastner, Monika Brosche und Peter Erlemann für die Beratung bei der Bildauswahl.

Thanks to all photographers – Kloot Brockmeyer, Ranjith Shenoy, Mark Hayward, Frank Blau, Rahul Verma, Shinihas Aboo and Mohammed Raphy – for their great photos.

Merci an Matthias Walter vom CONBOOK Verlag für sein Vertrauen, mir dieses spannende Projekt zu überlassen, und für die abermals sehr angenehme Zusammenarbeit.

Nicht unerwähnt lassen möchte ich die vielen Inder und Inderinnen, die mir vor die Linse liefen und stets freundlich auf meine Fotografierwut reagierten. Außerdem Berit Schneider, die mir in schwierigen Projektphasen immer wieder Mut machte. Besonders danken möchte ich Frieda Stahrl – für ihren Humor und ihr großes Herz. Meinen herzlichsten Dank an euch alle. *Namaste!*

Wie Sie mit indischen Geschäftspartnern, Kollegen und Mitarbeitern erfolgreich zusammenarbeiten

Prof. Dr. Simone Rappel
Geschäftskultur Indien kompakt
ISBN 978-3-943176-21-6

»No problem« lautet eine der Standardaussagen indischer Projektpartner, wenn Probleme auftauchen. Denn um die gemeinsame Geschäftsbeziehung zu schonen, werden sie lieber schweigen und mit viel Einfallsreichtum improvisieren. Unser Verlangen, nach langer Ahnungslosigkeit schließlich »Nägel mit Köpfen« zu machen, klingt für indische Ohren einfach herzlos. Dann gilt es, die Balance zwischen Sach- und Beziehungsebene wiederzufinden, denn erfolgreich Geschäfte macht man in Indien nur mit Freunden.

Die Ratgeber der Reihe ***Geschäftskultur kompakt*** *bieten Erfolgsrezepte für die Kommunikation und Kooperation über Ländergrenzen hinweg: Wie führen Sie Gespräche stringent, aber kultursensibel? Wie verfolgen Sie Ihre Ziele konsequent, aber beziehungsorientiert? Wie gestalten Sie die Zusammenarbeit zielführend, aber harmonisch?*

Länderexperten bringen die Charakteristika einer Geschäftskultur auf den Punkt und geben Unternehmern, Selbstständigen und Arbeitnehmern konkrete Tipps für einen professionellen, selbstsicheren Umgang mit kulturellen Unterschieden in einer globalisierten Arbeitswelt.

www.geschaeftskultur.de

Karin Kaisers unterhaltsamer Kulturführer quer durch die indische Gesellschaft

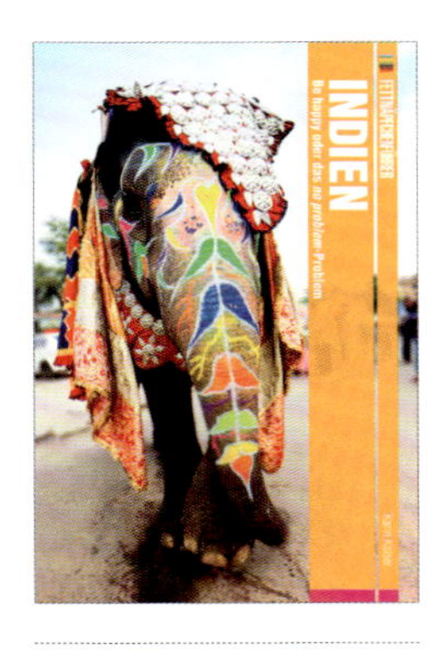

Karin Kaiser
Fettnäpfchenführer Indien
ISBN 978-3-934918-85-6

Namaste! Willkommen in den Untiefen der indischen Kultur, zwischen Mantras und Mumbai, Curry und Chaos, Bollywood und Buddha. Lebenskünstlerin Alma, durch und durch Berliner Schnauze, begegnet Indien auf ihrem Trip vom Norden bis tief in den Süden mit Abenteuerlust und Ungeduld. Doch Mother India hält völlig gelassen dagegen. Beharrlich torpediert der indische Alltag Almas deutschen Ordnungssinn mit irrwitziger und zur Weißglut treibender sogenannter Normalität, mit Lärm und Monströsem. Und schon bald wird sonnenklar: Das Einzige, was Alma wirklich von Indien erwarten kann, ist das Unerwartete.

»Ein amüsanter Leitfaden für eine unbeschwerte Reise durchs Land der Gegensätze. So unterhaltsam geschrieben wie ein Roman und so lehrreich wie ein Sachbuch. Eine perfekte Vorbereitung, um eine Reise durch Indien zu einer unvergesslichen und vergnüglichen Erfahrung zu machen.« (Traudl Kupfer, Indien Aktuell)

»Locker-leichte Erzählung mit 45 lebendigen Episoden aus dem normalen Wahnsinn Indiens. Als Leitfaden für Indien-Anfänger ist der Fettnäpfchenführer unschlagbar gut. Kaufempfehlung!« (Franziska Fröhlich, go out!)

www.fettnäpfchenführer.de

In der Länderdokumentationsreihe 151 außerdem erschienen

Fritz Schumann
Japan 151
ISBN 978-3-943176-27-8

»Verständlich und informativ werden unterschiedliche Bereiche Japans behandelt und einzelne Wörter erklärt. Japan 151 ist eine Bereicherung für jeden, der sich für Japan und alles, was dazugehört, interessiert.« (Kathrin Nüsse, Japan-Magazin)

»Wer etwas über die Kultur und das Leben in Japan erfahren möchte, dem sei dieses Buch wärmstens empfohlen.« (Berliner Fenster)

Lisa Graf-Riemann
Spanien 151
ISBN 978-3-943176-12-4

»Dieses Buch wirft 151 Streiflichter auf die spanische Gesellschaft, ihre Macken und Merkwürdigkeiten, ihre Traditionen und kulturellen Eigenheiten. Lisa Graf-Riemann hat ihren neugierigen, aber zärtlichen Blick auf Realitäten gerichtet, die im Privaten, im Alltäglichen auszumachen sind. Beim Lesen fühlt man sich wie ein Kind, das alles zum ersten Mal sieht.« (Carlos Ortega, Instituto Cervantes in Bremen)

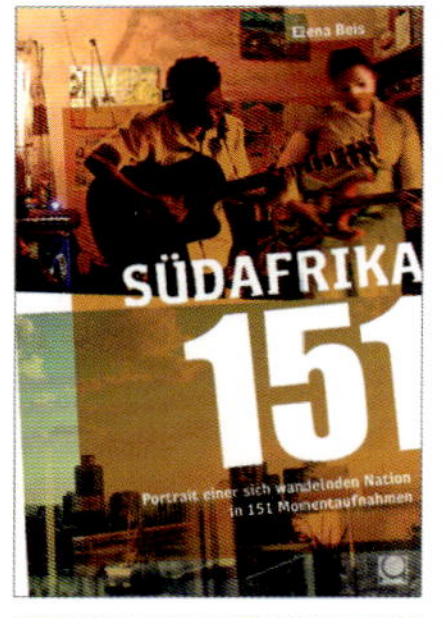

Elena Beis
Südafrika 151
ISBN 978-3-943176-18-6

»Sorgfältig recherchiert, nie von oben herab und voller Empathie für die Menschen Südafrikas, zeichnet Elena Beis ein buntes Bild vom Alltagsleben an der Südspitze Afrikas. Hervorzuheben ist die besonders gelungene Einbindung von höchst treffenden und optisch wertvollen Fotos. Mit 15 Jahren Südafrika-Erfahrung ist mir dieses Buch eine uneingeschränkte Empfehlung wert.« (Johannes Köring, kapstact.de)

Thilo Thielke
Thailand 151
ISBN 978-3-943176-43-8

»Faszinierende Reise durch Normalitäten und Verrücktheiten der Geschichte, Kultur und des Alltags Thailands. Serviert in appetitlichen Häppchen, will man gar nicht mehr stoppen, Seite um Seite immer neue Facetten des Urlaubsparadieses zu erkunden.« (Marc Reinecke, Little-Thailand.de)

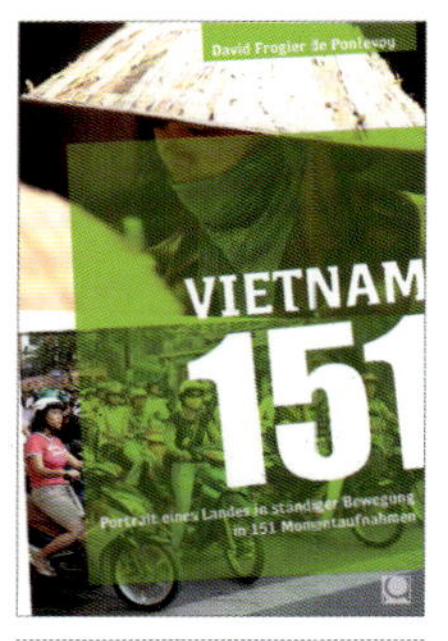

David Frogier de Ponlevoy
Vietnam 151
ISBN 978-3-943176-42-1

»Liebevoll bebildert nimmt dieses Buch den Leser mit auf eine kurzweilige Reise durch eine abwechslungsreiche Kultur voller liebenswerter Widersprüche.« (IN ASIEN)

»Einen besseren Reiseführer als Vietnam 151 kann es kaum geben.« (Wormser Zeitung)

Tolle Einblicke, starke Bilder und alle Neuigkeiten rund um die Länderdokumentationen »151«: www.1-5-1.de